Das neue Sach- und Machbuch 4

für den Sachunterricht in der Grundschule

herausgegeben von Gertrud Beck und Wilfried Soll

von
Gertrud Beck
Helga Eysel
Gabriele Grauel
Maria Otte
Reinhild Schäffer
Wilfried Soll
sowie
Klaus Meißner
Hanno Ring

Cornelsen

Schreibwerkstatt

Eine Zeitung von Kindern für Kinder

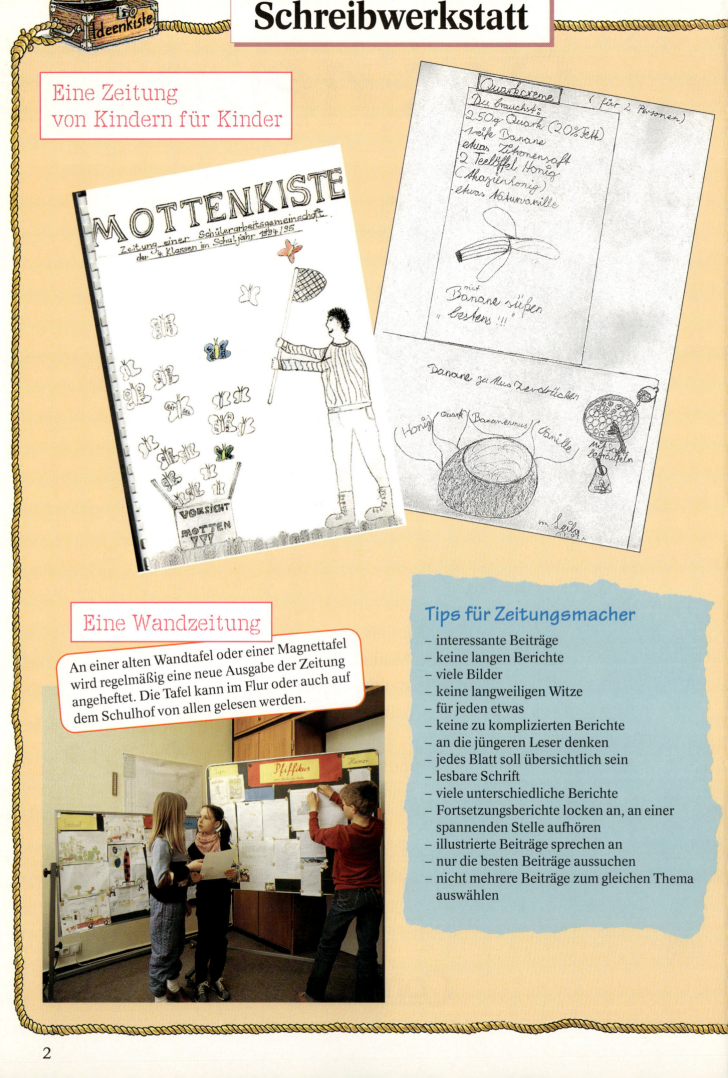

Eine Wandzeitung

An einer alten Wandtafel oder einer Magnettafel wird regelmäßig eine neue Ausgabe der Zeitung angeheftet. Die Tafel kann im Flur oder auch auf dem Schulhof von allen gelesen werden.

Tips für Zeitungsmacher

- interessante Beiträge
- keine langen Berichte
- viele Bilder
- keine langweiligen Witze
- für jeden etwas
- keine zu komplizierten Berichte
- an die jüngeren Leser denken
- jedes Blatt soll übersichtlich sein
- lesbare Schrift
- viele unterschiedliche Berichte
- Fortsetzungsberichte locken an, an einer spannenden Stelle aufhören
- illustrierte Beiträge sprechen an
- nur die besten Beiträge aussuchen
- nicht mehrere Beiträge zum gleichen Thema auswählen

Geschichten schreiben und veröffentlichen

- in Handschrift
- mit der Schreibmaschine
- mit dem Computer

Inhaltsangabe

1	Liebe Mitschüler
2	Die Redaktion
3	Inhaltsangabe
5	Fasching in der Grundschule
12	Das Mülltonnenspiel
14	Witze
15	Die Gaunereien des Schwarzen-Peters
21	Ein Hase sitzt im Kohl
24	Preisrätsel
26	Witze
27	Zauberbohnen
30	Unser Schulgarten
33	Projekttage machen allen Spaß
37	Für kluge Rechner
39	Forschungsreise durch die Verbandsgemeinde
44	Gipsmasken
48	Projekt Computer
52	Alles ums Pferd
54	Urwelt: Tiere und Pflanzen
56	Wir gratulieren
58	Fazit unseres Freundes
	Sport
	Die Gemeindebücherei
	Die Leseecke
	Dinos zum Sammeln
	Wußtet Ihr schon …
	Impressum

Gestalten mit dem Computer

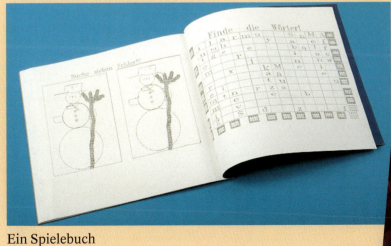

Ein Spielebuch

Eine Zeitung ...

Katzensuche auf zwei Kontinenten
Tier nach Atlantikflug verschwunden
Atlanta, 18. 1. (AP) war am 9. Januar auf dem Flug

Von der Katzensuche
Von diesem Ereignis würden wir nie etwas erfahren haben, wenn nicht Herr Schmitz die entsprechende Meldung für die Neue OZ (**N**euen **O**snabrücker **Z**eitung) ausgewählt hätte.

Eine Zeitung – viele Teile
Herr Schmitz ist Redakteur bei der Neuen OZ. Er gestaltet jeden Tag die Seite 6, den „Weltspiegel". Auf dieser Seite gibt es Berichte über interessante Ereignisse in aller Welt. Die Neue OZ hat viele Redakteure, die für verschiedene Abschnitte in der Zeitung verantwortlich sind.

Wirtschaft   Nordwest   Politik
Korrespondenten berichten   Sport
Lokales   Weltspiegel   Feuilleton

Nachrichten auswählen und absprechen
Herr Schmitz muß jeden Tag unter 1000 Meldungen auswählen. Höchstens 20 davon kann er auf seiner Seite unterbringen.
Über die Auswahl der Berichte und einen möglichen Beitrag für die Seite 1 spricht er sich mit dem Chefredakteur ab. Dann bringt er auf seiner Seite 6 einen passenden Bericht, zum Beispiel die Geschichte eines Menschen, der eine Katastrophe, beispielsweise ein Erdbeben, miterlebt hat.
„Das ganze Unglück dieser Welt geht über meinen Tisch", sagt er. Deshalb freut er sich, daß er heute auch zwei Nachrichten gefunden hat, die ans Herz gehen: Eine Hündin hat ihre Jungen gerettet, und eine Katze ist nach einem Atlantikflug verschwunden und wird gesucht ❶. Herr Schmitz hat sich die Nachricht über die Katze herausgesucht und macht nun daraus einen Beitrag für seine Seite.
Dann spricht er sich noch einmal mit einer Kollegin über andere Ereignisse ab, damit nicht dieselben Geschichten auf deren Seite noch einmal erscheinen ❷.

Meldung und Meinung müssen in der Zeitung getrennt sein. So können sich die Leser selbst ein Bild machen.

Immer mehr Tote unter Trümmern
Kobe, 18.1. (AP/Reuter/dpa)
Überlebende des Erdbebens in Japan sind am Mittwoch zu Hunderttausenden aus der Hafenstadt Kobe geflohen. Rettungsmannschaften versuchten, Verschüttete aus den Trümmern zu bergen. Abends zählte die Polizei über 3000 Tote.

Massenflucht aus der Millionenstadt
von O. FABER
Augenzeugen verglichen die Menschenmassen mit langen Zügen von Kriegsflüchtlingen. Makoto Hiroiyama schickte seine Familie aufs Land. „Es ist gefährlich hier", sagt er, „das ist kein Platz für meine alte Mutter und mein Kind."
Im japanischen Fernsehen waren dramatische Szenen zu sehen. Eine völlig von Trümmern eingeschlossene Frau, von der nur das von Angst verzerrte Gesicht zu sehen war, flehte um Hilfe für ihre Mutter, die sonst nicht mehr lange zu leben habe. Die Strom- und Wasserversorgung blieb für weite Teile der Stadt außer Betrieb. Die Menschen in Kobe sammelten sich an Lagerfeuern und tropfenden Wasserleitungen.

... von Fachleuten gemacht

Eine Seite gestalten

Herr Schmitz schreibt nicht jeden Artikel auf seiner Seite selbst, sondern nutzt Meldungen von acht Nachrichten-Agenturen (Firmen, die Nachrichten sammeln und verkaufen). Er stellt verschiedene Meldungen zusammen und entscheidet sich für Überschriften.
Katzensuche auf zwei Kontinenten heißt nun die Geschichte über die verlorene Katze. Dann telefoniert Herr Schmitz noch mit der Nachrichtenzentrale im Haus und fragt, ob es für den Bericht ein Foto gibt. Gleichzeitig zeichnet er auf einem Formblatt die Länge seiner Artikel ein und die Zahl und Größe der Bilder, die er dazu verwenden will ❸.
Wenn neue Nachrichten eingehen, muß er seine Seite wieder umbauen, manchmal noch spät am Abend.

Die Texte der einzelnen Redakteure werden in den Computer eingegeben und später ausgedruckt den Redakteuren zur Korrektur vorgelegt.

Dann bespricht Herr Schmitz mit dem Techniker die Seitengestaltung am Bildschirm ❹.
Die Überschrift läuft in einen anderen Bericht hinein und muß geändert werden.
Nun ist seine Seite „Weltspiegel" fertig.

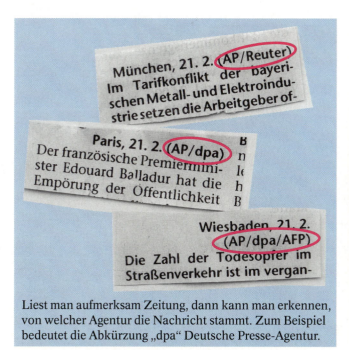

Liest man aufmerksam Zeitung, dann kann man erkennen, von welcher Agentur die Nachricht stammt. Zum Beispiel bedeutet die Abkürzung „dpa" Deutsche Presse-Agentur.

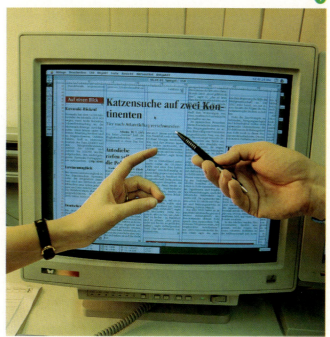

Eine Zeitung von Fachleuten gemacht

⑤

⑥

⑦

Den Druck vorbereiten
Von der auf dem Bildschirm gestalteten Seite wird ein Film hergestellt und eine Aluminium-Druckplatte ⑤. Durch ein besonderes Verfahren ist diese Platte ganz glatt. Man kann die Buchstaben nicht tasten.

Die Druckplatten werden auf eine Rolle (Druck-Zylinder) in der Druckmaschine gespannt ⑥.

In der Zeitungs-Druckerei gibt es einen großen Vorrat an Papierrollen. Mit jeder Papierrolle können 16 000 Seiten gedruckt werden ⑦.

Drucken und Ausliefern
Nachts um 23.30 Uhr wird durch einen Knopfdruck das haushohe Ungetüm, die Druckmaschine, in Gang gesetzt ⑧. Bis zu 70 000 Zeitungen können in der Stunde gedruckt werden. In jeder Nacht werden bei der Neuen OZ etwa 190 000 und an den Wochenenden etwa 213 000 Zeitungen gedruckt.

Etwa um 23.50 Uhr verlassen die ersten Lastwagen die Druckerei, damit die Zeitungen morgens pünktlich da sind ⑨.

Regionalausgaben
Am nächsten Morgen können die Leser in Melle und in sieben anderen Städten den Bericht *Katzensuche auf zwei Kontinenten* lesen, denn die Neue OZ erscheint auch unter dem Namen „Meller Kreisblatt", „Bramscher Nachrichten" und noch anderen Namen ⑩. Diese Zeitungen unterscheiden sich nur im Lokalteil, in dem es Berichte aus einer bestimmten Gegend gibt. Alle anderen Teile wie Politik, Sport, Wirtschaft ... sind gleich.

⑧

⑨

Fahrräder untersuchen

Schüler eines 4. Schuljahres haben versucht, ihre Fahrräder aus dem Gedächtnis zu zeichnen.
Schon beim Zeichnen haben sie gemerkt, wie schwer das ist.
Danach haben sie sich gefragt, wie die einzelnen Teile zusammenhängen:
– Wie verläuft eigentlich die Kette?
– Sind die Zahnräder wirklich gleich groß?

Vorschlag zur Untersuchung der Zahnräder

1. zählen 2. messen

Unser Fahrrad – Wir messen und zählen							
Fahrrad von	Zähne		Umdrehungen		Umfang des Hinterrades	zurückgelegte Strecke		
						1x treten	2x treten	3x treten
Jochen	40	20	1	2	1,9 Meter			
Indra	30	15						

Zahnradgetriebe

Aus Käseschachteln, Schraubdeckeln, Wellpappe oder Kronkorken Zahnradgetriebe bauen.

Maschinenrätsel zeichnen

Wir untersuchen die Geschwindigkeit von großen und kleinen Zahnrädern

Wir haben Geräte und Maschinen mitgebracht, die mit Hilfe von Zahnrädern angetrieben werden. Wir haben Handbohrer und Schneebesen untersucht. Dabei ist uns aufgefallen:

Der Eimer soll aus dem Wasser gezogen werden. In welche Richtung muß das Kind kurbeln?

Mit Baukästen Getriebe bauen

Fahrrad-Ideen

☆ Fahrräder gemeinsam in der Schule putzen.
☆ Eine Fahrrad-Werkstatt organisieren.
☆ Untersuchen, wie fahrradfreundlich euer Stadtteil ist.
☆ Einen „Fahrrad-TÜV" organisieren.

Zum *Stadtteil-Test* und zum *Fahrrad-TÜV* gibt es Fragebögen im Arbeitsheft.

Fahrrad-Rallye auf dem Schulhof

Hier seht ihr einige Vorschläge. Ihr könnt euch natürlich auch andere Aufgaben ausdenken, planen, aufbauen und auf dem Schulhof durchführen.

❶ In einer Spur (50 cm breit) das Fahrrad schieben. Quer zur Bahn liegen Hindernisse, das Fahrrad darüberheben.

❷ In der Spur fahren, ohne die Begrenzung zu berühren. Dabei einmal die linke Hand und einmal die rechte Hand auf dem Rücken verstecken.

❸ So langsam wie möglich durch die Spur fahren. Dabei den Ball greifen, der von einem Kind gereicht wird. Den Ball gezielt in einen Papierkorb werfen. Zeit stoppen!

❹ In der Spur fahren. Bei einem Pfiff über die Schulter nach hinten sehen. Dort steht ein Kind und gibt ein Zeichen.
Tun, was vorher vereinbart wurde, zum Beispiel: rotes Zeichen bedeutet bremsen und absteigen, Grün bedeutet beschleunigen.

❺ Fahren in einer 2 m breiten Spur mit Hindernissen, zum Beispiel Hütchen, Seil, Karton. 2 Kinder, werfen zusätzlich Hindernisse auf die Bahn: Schwämme, Schaumgummi-Würfel … Hindernisse und Begrenzung nicht berühren.

❻ In verschiedenen Richtungen fahren. Dabei den Entgegenkommenden die Hand geben, ohne aus der Spur zu geraten.

❼ Die schmale Spur durchfahren. Am Rand steht ein Tisch und darauf ein Becher mit Wasser. Den Becher nehmen und weiterfahren, ohne das Wasser zu verschütten.

Aus der Geschichte des Fahrrads

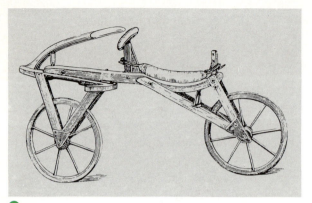
①

②

Laufen mit Rädern

Das erste „Fahr"rad war ein „Lauf"rad. ① Es wurde 1817 von dem deutschen Forstmeister Drais erfunden und gebaut. Dieses Rad war ganz aus Holz. Es war lenkbar und wurde bewegt, indem sich der Fahrer mit den Füßen vom Boden abstieß. Das Rad wurde nach seinem Erfinder „Draisine" genannt.

Obwohl diese Erfindung zunächst sehr beliebt war, wurde sie schon bald so verspottet, daß sich niemand mehr damit zeigen wollte.

So wurden nur wenige „Draisinen" gebaut. Dieses erste Fahrrad geriet bald in Vergessenheit.

Ein Rad mit Tretkurbeln

1853 konstruierte der Instrumentenbauer Fischer aus Schweinfurt ein Fahrrad mit einer Tretkurbel am Vorderrad. ② Dieses Fahrrad hatte bereits eine Beleuchtung (Kerze) und eine Bremse (Kurbel), die allerdings nur bei Geradeausfahrt funktionierte.

Die ersten Räder aus der Fabrik

Der Pariser Kutschenbauer Micheaux baute Fahrräder mit Tretkurbel, ab 1869 in einer Fabrik, in der 500 Menschen arbeiteten. Micheaux nannte sein Rad „Velociped". ③ Es hatte einen Stahlrahmen, Holzräder mit Eisenbereifung und eine Hinterradbremse. Obwohl dieses Rad schon einen gefederten Sattel hatte, wurde es als „Knochenschüttler" verspottet, denn die Straßen waren damals noch sehr holprig.

Radfahren zu zweit

Das Radfahren wurde jetzt immer bekannter und beliebter. Es war ein Sport, den reiche junge Leute gerne gemeinsam ausübten. Deshalb wurden vor allem in England zwei- und dreisitzige Fahrräder gebaut.
Um die Sicherheit beim Radfahren zu vergrößern, wurden Fahrräder mit drei oder vier Rädern gebaut. ④ ⑤

⑤

⑥

③

④

Die Hochräder

Von 1860 bis 1890 wurden – vor allem in England – „Hochräder" gebaut und ständig verbessert. ⑥ Da die Tretkurbeln am Vorderrad angebracht waren, konnte die Geschwindigkeit erhöht werden, wenn man das Vorderrad möglichst groß baute. Es hatte einen Durchmesser von etwa 1,50 m. Die Holzteile wurden mehr und mehr durch Eisenteile ersetzt. Mit den Hochrädern wurde das Fahren allerdings immer schwieriger und gefährlicher. Der Fahrer mußte schon sehr gelenkig sein, um ein solches Rad zu besteigen. Außerdem konnte er beim Fahren leicht vornüberkippen.

„Moderne Fahrräder"

Das erste „moderne" Fahrrad wurde 1879 in England hergestellt. ⑦ Es hatte einen Rahmen aus Metallrohr und Räder mit Vollgummibereifung. Das Hinterrad wurde über Pedale und Kette angetrieben. Etwa ab 1880 wurden solche Fahrräder in Fabriken hergestellt. Das um 1890 hergestellte Fahrrad hat bereits luftgefüllte Reifen. Es unterscheidet sich nur wenig von heutigen Fahrrädern. ⑧

Mit der technischen Verbesserung des Fahrrads wurde auch der Radrennsport immer beliebter. 1903 wurde zum ersten Mal eine „Tour de France" gestartet. Dieses internationale Radrennen zählt bis heute zu den größten Sportveranstaltungen, die es überhaupt gibt.

> Es dauerte aber noch lange, bis das Fahrrad zu einem Fortbewegungsmittel wurde, das sich nicht nur reiche Leute, sondern alle leisten konnten:
>
> 1890 wurden in Deutschland im Jahr 7000 Fahrräder hergestellt. Ein Rad kostete 300 Goldmark – etwa so viel, wie ein Arbeiter in einem halben Jahr verdiente.
>
> 1898 war die jährliche Produktion bereits auf 200 000 Räder gestiegen. Stückpreis: 200 Goldmark.
>
> 1900 sank der Preis für ein Fahrrad auf 80 Mark, weil viele Räder aus den USA nach Deutschland eingeführt wurden. In den USA wurden damals Fahrräder schon in großen Fabriken arbeitsteilig hergestellt.
>
> 1937 wurden in Deutschland im Jahr 2 700 000 Fahrräder hergestellt. Ein Rad kostete etwa 150 Mark, – so viel verdiente damals ein Arbeiter in einem Monat.
>
> 1957 wurden nur noch 1 000 000 Fahrräder im Jahr hergestellt. Fahrradfahren war nicht mehr „modern".
>
> 1993 wurden etwa 5 000 000 Fahrräder gekauft.

⑦

⑧

Eine Rapsmühle wird restauriert

Was von der alten Mühle übrig war

Die Rapsmühle von Schloß Ostenwalde wurde etwa 1680 gebaut. Sie war seit vielen Jahren nicht mehr in Betrieb ❶. Das Dach war halb abgedeckt, die Holzbalken waren morsch und verfaulten. Wo sich früher das Wasserrad gedreht hatte, strömte jetzt der kleine Bach über einen Wasserfall an der Mühle vorbei.

1991 taten sich mehrere Leute zusammen. Sie beschlossen, die alte Rapsmühle wiederherzustellen. Im Innern des Mühlenhauses gab es noch große und kleine Zahnräder, die kunstvoll in Handarbeit aus Buchenholz hergestellt worden waren. Ihre Zähne griffen noch ineinander. ❷ Auch eine Eichenwanne mit Stampfern ❸ und die Mühlsteine ❹ waren noch in gutem Zustand. Doch von dem alten Mühlrad fehlte jede Spur.

Ein neuer Anfang

Die Gruppe entschied sich, das Dach zu reparieren und ein neues Mühlrad zu bauen. Aber wie groß war das Rad gewesen? Wie sollte man es bauen? Man konnte deutlich erkennen, daß das Wasser von oben auf das Mühlrad herabgeflossen war. Durch Zufall fand man ein kleines Stück gebogenes Holz. Es war ein Teil des alten Rades. Nun konnten sein Durchmesser und sein Umfang recht genau bestimmt werden. Pläne wurden gezeichnet, auch ein Modell wurde gebaut ❺, und vor allem Geld mußte beschafft werden. Dann erst konnte der Bau beginnen.

⑤

⑥

⑦

Das Wasserrad wird eingebaut
Endlich konnte das neue Wasserrad aus Holz eingesetzt werden. Es besaß viele Wassertaschen. Dorthinein sollte das Wasser strömen und das Rad in Bewegung setzen. Mit einem Kran wurde es an seinen Platz gehievt ⑥ und eine starke Achse hindurchgesteckt. Dabei mußten die Handwerker sehr sorgfältig vorgehen. Wenn das Rad nicht richtig auf der Achse sitzt, könnte es unruhig laufen und sogar zerbrechen. Nach 4 Stunden war es geschafft ⑦. Nun konnte der Probelauf stattfinden. Das gestaute Wasser wurde auf das Wasserrad geleitet, und es begann sich zu drehen.

Heute steht die Rapsmühle unter Denkmalschutz.
Sie ist ein Beispiel dafür, daß Menschen es auch früher verstanden haben, Maschinen zu bauen, die die Arbeit erleichterten.

Und so funktionierte die Rapsmühle früher
In einen Eichenstamm, der wie eine Wanne ausgehöhlt war, wurden die Früchte der Rapspflanze gefüllt. Die großen Eichenstampfer ③, die vom Wasserrad auf und ab bewegt wurden, stampften die Samenkapseln so lange, bis sie sich öffneten. Danach wurde die Masse in das Mahlwerk gefüllt. Die beiden aufrecht stehenden Mahlsteine ④ rollten über den Bodenstein und preßten dabei aus den Rapssamen eine klebrige Flüssigkeit, das Raps-Öl.
Solch eine Rapsmühle konnte nur im Sommer arbeiten, wenn der Raps reif war. In der restlichen Zeit des Jahres wurde sie anders genutzt. Sie konnte auch als Mühle für Tierknochen verwendet werden. Knochenmehl wurde als Dünger benutzt.

Raps verwandelt im Frühjahr ganze Felder in gelb leuchtende Flächen. Heute wird Raps vielseitig verwendet. Aus den fetthaltigen Samen wird Rapsöl gepreßt. Es wird zu Speiseöl verarbeitet, aber auch Margarine, Mayonnaise oder Salben lassen sich daraus herstellen. In der Technik dient Rapsöl zum Beispiel als Schmiermittel, es kann auch als Bio-Diesel verwendet werden. Die Preßrückstände (Rapsschrot) sind hochwertiges Viehfutter.

13

Wasserräder

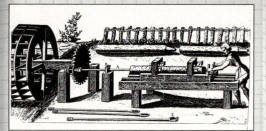

Baumstämme werden mit einer Bohrmaschine ausgehöhlt. Sie werden zu Wasserleitungen zusammengesteckt.

In Büchern nachschauen
… wofür Menschen früher Wasserräder benutzt haben.
Alte Bilder ansehen und erklären.

Wasserräder bauen
Was man braucht, um ein einfaches Wasserrad zu bauen:
- *für die Schaufel* dünnes Aluminium- oder Messingblech
- *für den Radkörper* einen Korken, Plastilin oder eine Holzscheibe
- *als Achse* eine Stricknadel oder einen runden Holzstab

Vernetzt …

Ameisen
- fressen Insekteneier und kleine Raupen.
- fressen gerne Honigtau. Sie kitzeln die Blattläuse mit ihren Fühlern, bis die Läuse den Honigtau ausscheiden.
- pflegen Blattläuse und verteidigen sie gegen ihre Freßfeinde, zum Beispiel Marienkäfer.
- verschleppen Blattlauseier und tragen damit zur Verbreitung der Blattläuse bei.

Blattläuse
- saugen den Saft aus grünen Pflanzenteilen und schädigen die Pflanzen.
- sind Beutetiere und Futter für viele andere Insekten und Vögel.
- vermehren sich sehr stark: Jedes Weibchen kann 40 bis 100 lebendige Junge gebären und bereits nach 8 Tagen können sich diese jungen Blattläuse wiederum vermehren.
- sind sehr klein, 400 bis 500 können auf einem Birkenblatt sitzen.
- scheiden eine klare, klebrigsüße Flüssigkeit aus, die man Honigtau nennt. Die Blätter sehen dann aus wie mit farblosem Lack überzogen.
- mögen keinen Lavendel und keine Tagetes.

Wildbienen und Honigbienen
- fressen Blütennektar und Blütenstaub und tragen ihn dabei von einer Blüte zur anderen.
- machen aus dem Nektar Honig, füttern ihre Brut damit und speichern ihn in Waben.
- schlecken gerne den Honigtau der Blattläuse von den Blättern und machen auch Honig daraus.

Das Netz auf dieser Seite ist ein Bild. Es soll sagen, daß zwischen verschiedenen Pflanzen und Tieren enge Abhängigkeiten bestehen. Wer in seinem Garten „Schädlinge" bekämpfen will, wird bald feststellen, daß unbeabsichtigt gleichzeitig auch andere Tiere vernichtet werden.
Wie eng die einzelnen Tiere voneinander abhängig sind, zeigt das Beispiel der Blattlaus.

Was man tun könnte

1. Überlegen, was geschieht, wenn der Mensch durch Gifte die Zahl der Blattläuse verkleinert.
2. Herausfinden, wie schnell sich die verschiedenen Tiere vermehren.
3. Überlegen, was geschieht, wenn viele Pflanzen einer Art, die von Blattläusen bevorzugt wird, beieinander wachsen.
4. Beobachten, wie ein Blatt oder Zweig mit Blattläusen aussieht und sich verändert.
5. Insekteneier und verpuppte Insektenlarven suchen und in einem mit Gaze abgedeckten Glasgefäß beobachten.

Ohrwürmer
- fressen Insekteneier und Blattläuse.
- knabbern auch an Blättern, Blüten und Früchten.
- gehen nachts auf Futtersuche, ein Ohrwurm frißt etwa 30 Blattläuse pro Nacht.
- verkriechen sich tagsüber in dunklen Ritzen (aber nicht im Ohr des Menschen).

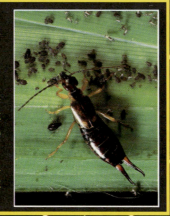

Versuche durchführen

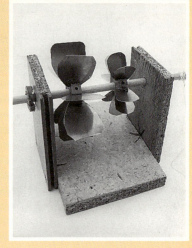

Wann entwickeln Räder mehr Kraft?

Achtet bei den Versuchen auf folgendes:
– Bewegt das Wasserrad unter einem Wasserstrahl gleichmäßig hin und her.
– Laßt den Wasserstrahl eine Zeitlang auf die gleiche Stelle auftreffen.
– Vergleicht kleinere und größere Wasserräder.

Wasserräder draußen ausprobieren

Mühlen in der Umgebung erkunden

– Wo gibt es in eurer Umgebung Mühlen?
– Sucht in Karten nach Mühlennamen und Mühlensymbolen.
– Erkundet eine Mühle in der Umgebung. Wie wird/wurde sie angetrieben? Was wird/wurde dort gemahlen?
– Welche Namen haben Mühlen? Könnt ihr die Bedeutung erklären?
– Sucht Geschichten oder Sagen, in denen Mühlen eine Rolle spielen.

Mühlen-Wörter untersuchen

Apfelmühle
Bohrmühle
Drahtziehmühle
Drechselmühle
Dreschmühle
Getreidemühle
Gewürzmühle
Glasschleifmühle
Kaffeemühle
Kalkmühle
Kartoffelmühle
Knochenmühle
Kornmühle
Kreidemühle
Kupfermühle
Lederwalkmühle
Lohmühle
Marmorsägemühle
Papiermühle
Pfeffermühle
Poldermühle
Sägemühle
Salzmühle
Schneidemühle
Schöpfmühle
Schrotmühle
Senfmühle
Sensenmühle
Sole-Pumpmühle
Spannmühle
Spiegelschleifmühle
Stampfmühle
Steinschneidemühle
Strumpfwirkermühle
Wasserhebemühle
Wasserschöpfmühle
Zwirnmühle
Zuckermühle

... was hängt hier zusammen?

Florfliegen
- haben zarte grüne Flügel und werden auch Goldaugen genannt.
- legen einmal im Jahr etwa 15 bis 20 Eier auf ein Blatt, auf dem Blattläuse leben. Die Eier sind an kleinen Stielchen am Blatt befestigt.
- Nach 3 bis 4 Tagen schlüpfen die bunten Larven aus. Sie werden Blattlauslöwen genannt.
- 2 Wochen lang ernährt sich der Löwe von Blattläusen. Er frißt mehrere 100 davon.
- Dann spinnt er sich in einen Kokon ein und verpuppt sich.
- Wenn die Florfliege geschlüpft ist, überwintert sie gern im Haus oder in Mauerritzen.

Marienkäferweibchen legt Eier.

Larven schlüpfen aus.

Meisen
- fressen in einem Jahr viele tausend Insektenlarven, Blattläuse, Raupen und Schnecken und füttern auch ihre Jungen damit.
- suchen auch im Winter die Rinde der Obstbäume nach Insekten und Insekteneiern ab.
- können nur mehrere Junge aufziehen, wenn sie viel Nahrung finden (ein Meisenpärchen kann nur einmal im Jahr 2 bis 6 Junge aufziehen).
- Ein Meisenjunges frißt etwa 8.000 bis 10.000 Blattläuse oder Larven, bis es nach 41 Tagen flügge ist.

Larve frißt Blattlaus.

Larve verpuppt sich.

Marienkäfer
- fressen Blattläuse und andere kleine Insekten.
- Ein Weibchen kann in wenigen Tagen bis zu 140 Eiern legen.
- Nach einer Woche schlüpfen die Larven aus.
- Die Larven fressen Blattläuse. 14 Tage lang fressen sie Tag und Nacht ohne Pause.
- Dann verpuppen sich die Larven: Sie kleben sich an der Blattunterseite fest, und ihre Haut wird hart.
- Nach etwa 8 Tagen schlüpfen die neuen Käfer aus. Zuerst sind sie gelb, erst nach einigen Stunden werden sie rot und bekommen schwarze Punkte.

Der Marienkäfer ist gerade geschlüpft.

So kommt Leben in den Garten

Idee 1
Hotel für Ohrwürmer
Ohrwürmer haben zwar bedrohlich aussehende Zangen, und ihr Name macht manchen Menschen angst, aber sie sind völlig ungefährlich.
Baut ihnen eine Wohnung, in der sie sich am Tag verstecken können und in der sie auch ihre Eier ablegen können:
Verankert eine Schnur in einem Blumentopf, damit ihr ihn dann umgekehrt am Baumstamm aufhängen könnt. Dann füllt ihn mit Holzwolle und spannt etwas Maschendraht über die Öffnung. Hängt den Blumentopf so auf, daß er Kontakt mit dem Stamm oder einem Ast hat.

Idee 2
Ein Reisighaufen
In einem Haufen aus Ästen und Zweigen finden Igel, Eidechsen, Frösche und Kröten ein gutes Versteck. Im Herbst wird vielleicht ein Igel dort seine Winterwohnung einrichten.

Idee 3
Viele Löcher
zum Verstecken finden kleine Tiere hier im Holz eines alten Baumstammes.

Idee 4
Ein Steinhaufen
Sammelt schöne große Natursteine, damit ihr Kröten, Eidechsen und Blindschleichen ein angenehmes Versteck anbieten könnt. Eure Eltern helfen sicher dabei mit. Baut daraus einen Steinhaufen, auf dem sich diese Tiere bei Sonnenschein wärmen oder in dem sie bei großer Hitze ein kühles Versteck finden können. Und wenn es nachts kühl wird, haben die Steine die Sonnenwärme gespeichert und halten die Höhlen lange warm.

Idee 5
Die Wildblumenwiese
Mit den meisten Gartenblumen können unsere Insekten und Kleintiere nicht viel anfangen und mit einem grünen Rasen auch nicht. Eine Wildblumenwiese sollte es sein! Die wird euch aber nur gelingen, wenn ihr einen mageren Sandboden habt. Ihr dürft dann die Wiese nur zweimal im Jahr mähen. Das muß mit der Sense gemacht werden. Dazu werdet ihr die Hilfe der Erwachsenen brauchen. Die Samen für die Wiese könnt ihr selbst sammeln oder als Wildblumenmischung in der Tüte kaufen.
Das aber könnt ihr auf jedem Gartenboden pflanzen: **eine Gartenecke mit Brennesseln und Kratzdisteln**, damit die Raupen eurer Falter etwas zu fressen finden

Idee 6: Nisthilfen für Wildbienen und Solitär-Wespen

Honigbienen und die größeren Wespen leben in Staaten zusammen. Wildbienen aber und die meisten Wespenarten leben einzeln, man sagt auch, sie leben solitär.

Sie alle stehen auf der Roten Liste der aussterbenden Tierarten, weil sie keine Nistplätze mehr finden. Für ihre Nester brauchen sie Löcher in alten Lehmwänden oder in altem Holz. Sie bohren die Löcher nicht selbst, sondern benutzen Löcher, die von Käfern gebohrt wurden. Solch altes Holz oder alte Lehmwände gibt es in unserer Umwelt kaum noch, deshalb müßt ihr den Bienen und Wespen helfen.

Stiche

Ihr müßt euch auch nicht vor den Stichen fürchten. Viele der Wildbienen und Wespen haben nicht einmal einen Stachel. Nur zwei der vielen Wespenarten können im Spätsommer lästig werden. Diese bilden große Staaten und bauen ihre Nester nicht in eure Nisthilfen.

Übrigens: Im *neuen Sach- und Machbuch 3* könnt ihr auf der Seite „Erste Hilfe" nachlesen, wie man Insektenstiche behandeln kann.

Die Löcher in der Lehmwand und im Balken haben verschiedene Weiten. So findet jede Insektenart, ob klein oder größer, die passende Wohnung. Fachleute können erkennen, welche Wildbienenart im Nistloch wohnt. Sie erkennen es am Material, mit dem der Eingang verschlossen wurde.

Goldwespe

Langhornbiene

Blattschneiderbiene

Bündel aus Bambusstengeln oder Schilfhalmen, in denen die Insektenlarven heranwachsen können. Ihr müßt darauf achten, daß die Stengel an einer Seite geschlossen sind.

Im Nest der Mauerbiene

Hier wurde ein Teil des Bambusstengels vorsichtig herausgebrochen, damit das Foto gemacht werden konnte.
In zwei Brutkammern sind die Larven der Biene zu sehen. Sie haben schon viel von dem gelben Blütenstaub aufgefressen, den die Mutter in die Kammern hineingepackt hat.
Die Zwischenwände für die Brutkammern hat die Mauerbiene aus Lehm gebaut.

Mauerbiene bringt Blütenstaub ins Nest

Beim Ökobauern

①

Schon seit 40 Jahren bewirtschaften Remmerts ihren Hof ① auf natürliche Weise. Sie bauen ihre Felder und ihren Garten so an, daß die Pflanzen auch ohne giftige Schädlingsbekämpfungsmittel und chemische Mineraldünger wachsen und Früchte tragen.

Von den Pflanzen in der Natur

„Ich schaue mir alles von der Natur ab", erzählt Herr Remmert. „Dort, wo die Pflanzen wild wachsen können, findet man kein unbedecktes Stück Erde. Viele verschiedene Pflanzen wachsen dicht beieinander. Welke Blätter fallen auf den Boden, verblühte, abgestorbene Pflanzen fallen um und verrotten und werden wieder zu fruchtbarer Erde. Neue Pflanzen wachsen an dieser Stelle und finden Nährstoffe für ihre Entwicklung. Die oberste Bodenschicht, der Humus, enthält alle diese Nährstoffe. Sie entsteht immer wieder aus den verrottenden Pflanzenteilen.

Kompost wird zu Humus

Guter Humus ist also das Wichtigste für ein gesundes Pflanzenwachstum. Und um möglichst viel davon für meine Pflanzen zu bekommen, lege ich Komposthaufen an. An schattigen Plätzen – denn Kompost darf nicht austrocknen – schichte ich Laub, Stroh und andere Pflanzenabfälle abwechselnd mit Mist auf und decke alles mit Erde ab. ② Dann sorgen Bakterien, winzige Pilze und Kleinlebewesen dafür, daß die Pflanzenteile zerfallen und zersetzt werden.

Wie man reifen Kompost erkennt

In diesem neuen Komposthaufen ist noch nicht viel verrottet, aber die großen Pilze, die hier wachsen, sagen mir, daß sich der Haufen richtig entwickelt. ③ Dieser Kompost ist ein Jahr alt. ④ Ich habe ihn schon einmal mit dem Spaten umgesetzt, damit er gleichmäßig verrottet. Hier sind noch viele Würmer, Tausendfüßler und Asseln drin, die die Pflanzenteile und den Mist fressen und als Kot wieder ausscheiden. Der Würmerkot ist nämlich feinste Humuserde. Dieser Kompost ist ein und ein halbes Jahr alt. ⑤ Die Würmer haben ihn schon verlassen. Daran erkenne ich, daß der Kompost reif ist. Alles ist hier zu feinkrümeliger guter Erde, zu Humus, geworden. Nun kann ich den Humus auf die Beete und Felder verteilen. Einen anderen Dünger brauche ich nicht.

③

④

⑤

⑥ ⑦ ⑧

Bodenbearbeitung im Frühjahr

Bei der Frühjahrsbestellung grabe ich den Boden nicht um. Ich lockere ihn nur auf, damit der Humus auf der Bodenoberfläche bleibt und die Kleinlebewesen in ihm nicht absterben. ⑥
Der Boden darf nicht unbedeckt von der Sonne ausgetrocknet werden. Überall muß er mit Pflanzen bewachsen sein oder wird mit welken Pflanzenteilen abgedeckt. ⑦ Gärtner nennen dieses Abdecken *Mulchen*.

Pflanzen helfen Pflanzen

Ich säe und pflanze verschiedene Pflanzen zusammen, die sich gegenseitig helfen und schützen. Eine solche Anbauweise nennen wir *Mischkultur*.
Die bunten Studentenblumen verjagen mit ihrem strengen Geruch die Wurzelälchen im Boden, die den Obstbäumen schädlich werden können. ⑧
Hier stehen Möhren und Zwiebeln nebeneinander. ⑨ Der Duft der Zwiebelpflanze verjagt die schädliche Möhrenfliege, deren Maden die Möhre anfressen, und der Duft der Möhrenpflanze verjagt die Zwiebelfliege, die den Zwiebeln schädlich wird.
Ich reiße auch nicht gleich jedes Unkraut aus, denn ich weiß, daß viele *Wildkräuter* nützliche Nachbarn für meine Pflanzen sein können.

⑨

⑩

Pflanzenjauchen und Gründüngung

Aus Brennesseln oder Beinwell bereite ich Pflanzenjauche zu. Ich pflücke Brennesseln und lasse sie einige Zeit mit Wasser bedeckt im Faß stehen. ⑩ Mit dieser Jauche dünge ich Pflanzen, die besonders viele Nährstoffe brauchen, auch zwischendurch einmal. Eine Brennesselbrühe verjagt auch Blattläuse.
Im Spätsommer säe ich Ackerbohnen oder Lupinen und Klee auf die abgeernteten Beete und Felder. ⑪ Diese Pflanzen speichern in ihren Blättern und Wurzeln besonders viele Nährstoffe. Wenn sie im Winter welken, erfrieren und verrotten, wird der Boden für das Frühjahr gut mit Nährstoffen versorgt. Das nennen wir *Gründüngung*."

⑪

Ofenfrische Brezeln

Der Duft macht Appetit

Ein Brezelbäcker hatte folgende Idee: „Wenn der Kunde nicht zum Bäcker kommt, dann muß der Bäcker mit ofenfrischen Brezeln zum Kunden kommen." So findet man nun immer häufiger an belebten Stellen der Stadt Verkaufsstände, die Brezeln oder auch andere Eßwaren anbieten. Besonders verführerisch ist das Angebot dann, wenn frisch gebacken wird und es so appetitlich duftet. Ofenfrisch wollen die Kunden die Brezeln kaufen. Deshalb werden die Brezeln erst im Verkaufsstand gebacken. Wie das möglich ist, könnt ihr auf den Seiten 24 und 25 nachlesen.

Was man tun könnte

- Viele Menschen arbeiten in der Industrie. Es ist aber für Kinder nicht leicht, etwas über ihre Arbeit zu erfahren, weil man nur selten in einem Industriebetrieb zuschauen darf.

  Möglichkeiten, sich zu informieren:
  - Sich erkundigen, in welchen Industriebetrieben eurer näheren Umgebung Menschen arbeiten
  - Filme, Bücher und Prospekte besorgen und auswerten
  - Menschen befragen, die in einem Industriebetrieb arbeiten
  - einen Betrieb besichtigen.

- Im Atlas nachschauen, welche Industrie es in eurem Bundesland gibt.

- Eine Collage kleben: „Was bei uns hergestellt wird"

Befragungen und Besichtigungen richtig vorbereiten

1. Schritt: Fragen sammeln und ordnen, zum Beispiel:

- Was wird in dem Betrieb hergestellt?
- Wieviel Menschen arbeiten dort?
- Wie ist die Arbeitszeit geregelt?
- Kann man in dem Betrieb eine Ausbildung machen?
- Mit welchen Maschinen und Werkzeugen wird gearbeitet?
- Gibt es Sicherheitsvorschriften?
- Welche Rohstoffe und Materialien werden verwendet?
- Was arbeiten Frauen, was arbeiten Männer?
- Können sie Entscheidungen treffen?
- Worauf kommt es bei der Arbeit besonders an: Kraft, Genauigkeit, gute Fachkenntnisse, Schnelligkeit und Ausdauer ...?
- Was ist besonders anstrengend? ...

2. Schritt: Jemanden befragen
Wer kann wen befragen? Könnte jemand in die Klasse eingeladen werden?

Dreimal in der Woche werden diese großen Silos mit Mehl gefüllt.

Im Labor wird untersucht, ob das Mehl einwandfrei ist.

Die tägliche Arbeit wird besprochen.

So ist die Brezelfabrik organisiert

Damit Herstellung und Verkauf reibungslos funktionieren, müssen viele Menschen wie ein Team zusammenarbeiten. Etwa 100 Mitarbeiter sind in dem Betrieb in Mainz beschäftigt.

Verwaltung
Die Verwaltung des Betriebes wird von einer Frau geleitet. Ihre Mitarbeiterinnen und Mitarbeiter nehmen die Bestellungen an und sorgen für pünktliche Belieferung der Verkaufsstellen. Die Verwaltung ist auch dafür zuständig, daß immer genügend Rohstoffe vorhanden sind. Außerdem werden hier die Löhne und Gehälter der Mitarbeiter berechnet und Beiträge überwiesen für die Arbeitslosenversicherung, die Krankenversicherung … In der Verwaltung arbeiten Kaufleute und Sekretärinnen.

Produktion
In der Herstellung arbeiten neben zwei ausgebildeten Bäckermeistern vor allem angelernte Arbeiterinnen und Arbeiter an den Maschinen. Sie stellen täglich 350.000 Stück Rohlinge her. Rohlinge sind Teigstücke, die noch gebacken werden müssen.

Vertrieb
Der Vertrieb hat die wichtige Aufgabe, die Waren pünktlich zu den Kunden zu befördern. Dies geschieht in der näheren Umgebung mit eigenen Lastwagen. Diese rollenden Tiefkühlboxen fahren aber nicht nur täglich die Verkaufsstände an, sie beliefern auch Gaststätten und Supermärkte.

Verkauf, Planung und Entwicklung
Ein Unternehmen muß sich auch darum bemühen, neue Kunden zu gewinnen. Dieser Betrieb hat in den letzten Jahren in vielen Städten neue Verkaufsstellen eröffnet. Sogar in Amerika kann man neuerdings ofenfrische Brezeln aus Mainz kaufen.

In der Fabrik wird die tiefgekühlte Ware eingeladen …

… und am Verkaufsstand ausgeliefert.

Vor den Augen der Kunden wird gebacken.

Die Brezelfabrik in Mainz

In hellen Fabrikräumen werden mit modernsten Maschinen verschiedene Backwaren hergestellt. Nur wenige Menschen sieht man in den weiten Hallen. Alle tragen weiße Arbeitskleidung und eine Kopfbedeckung.

Der Teig aus Weizenmehl, Hefe, Wasser und Würze wird in großen Knetmaschinen zubereitet. Die Zutaten werden computergesteuert abgemessen und eingefüllt. So ist der Teig immer von gleicher Qualität. Das Rezept bleibt das Geheimnis des Betriebes.

Automatisch wird der Teig auf das Gramm genau in gleich große Bällchen zerteilt. Doch manchmal arbeiten die Maschinen nicht einwandfrei, deshalb stehen Arbeiter am Fließband, die die Maschinen überwachen und ungleiche Teigbällchen aussortieren. Die übrigen wandern durch einen Wärmeofen, in dem der Teig „geht" oder gärt.
Aus diesen Teigbällchen können später ganz unterschiedliche Gebäckstücke entstehen: Brötchen, Laugenstangen, Schlemmerzungen, Pizza-Zungen oder Schinken-Käsestangen.

⑤

⑥

⑦

„Am laufenden Band" werden die Teigbällchen nun zur nächsten Station transportiert. Hier formen Maschinen daraus längliche Teigrollen, aus denen Brezeln werden sollen.
Brezeln erfordern mehr Handarbeit als das übrige Gebäck. Noch gibt es keine Brezelmaschine, deshalb müssen die Brezeln mit der Hand geschlungen werden. ⑦
Vor dem laufenden Band sitzen 8 Frauen, die die vobeiziehenden Teigrollen mit großer Geschicklichkeit zu Brezeln schlingen. Jeder Handgriff muß sitzen, denn das Fließband bewegt sich unentwegt weiter. Wird die Arbeit aber einmal nicht rechtzeitig erledigt, dann müssen die Nachbarinnen um so schneller arbeiten, damit die Gruppe es schafft, alle Teigstangen zu Brezeln zu formen.
Die Arbeiterinnen und Arbeiter arbeiten in zwei Schichten ⑧. In der Frühschicht arbeiten vor allem Frauen, deren Kinder morgens in der Schule sind. Die Frühschicht beginnt um 4 Uhr und dauert bis 13 Uhr. Die Spätschicht geht von 15 - 22 Uhr.

Die fertig geformten Brezeln werden mit Lauge besprüht. ⑨⑩ Sie verleiht dem Gebäck den typischen Geschmack und die braune Farbe. Beim Backen verliert die Lauge ihre Wirksamkeit.
Anders als in einer Bäckerei werden die fertigen Brezeln jetzt aber nicht gebacken. Sie wandern vielmehr in eine riesige Gefrieranlage, wo sie gefrostet und später verpackt werden. ⑪
In einem großen Kühlhaus wird die Ware gelagert bis zum Versand.

Der letzte Arbeitsgang, das Backen der Brezeln, erfolgt im Verkaufsstand. Dort werden die gefrorenen Rohlinge gesalzen und in einem Backofen gebacken. Als frischgebackene, warme Brezeln werden sie verkauft. ⑫

⑧

⑨

Beim Arbeiten mit Lauge Schutzbekleidung tragen!

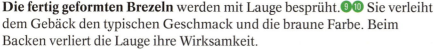

⑫

⑪

⑩

Wenn man plötzlich nicht meh[r]

»Ich sprech' nie

„Das hat doch gar keinen Sinn! Mit meinen Eltern kann ich sowieso nicht reden!" Oder: „Mein Freund spricht einfach nicht mehr mit mir. Ich habe schon alles versucht!" Kennt ihr solche Sätze? Sie klingen so, als sei plötzlich eine Mauer zwischen Menschen gewachsen, die sich vorher noch gut verstanden haben. Kann man lernen, solche Mauern zu durchbrechen? Und wenn ja, wie? Oft schreiben Jungen und Mädchen an »treff« und fragen danach. Inge Nordhoff versucht, ein paar Tips zu geben.

Grille und seine Mutter sitzen in einem Café. Grille hat einen Mordshunger. Er bestellt sich Pflaumenkuchen mit Schlagsahne, einen Kakao, ein großes Stück Heidelbeertorte und zum Nachtisch eine Erbsensuppe mit Bockwurst. Seine Mutter sagt, sie habe keinen Hunger. Sie bestellt sich nur eine Tasse Kaffee. Als Grilles Köstlichkeiten dann nach und nach von der Kellnerin auf den Tisch gestellt werden, kriegt seine Mutter doch Appetit. Mit ihrem Kaffeelöffel nimmt sie sich ein Stück Pflaumenkuchen, und auch an der Heidelbeertorte nascht sie herum. Grille ist empört: „Das habe ich mir doch bestellt, verdammt noch mal!"
Nun wird Grilles Mutter wütend: „Sag mal, wer bezahlt eigentlich das Ganze? Du bist ziemlich unverschämt." Der Nachmittag ist „gelaufen". Grille hat keinen Appetit mehr. Die gute Stimmung ist vorbei.

Hätte der Nachmittag nicht auch anders laufen können? Zum Beispiel so: Grilles Mutter hätte ihren Sohn von Anfang an „gebremst" und gesagt: „Ich finde, du bestellst dir ein bißchen viel. So ganz billig ist das hier nicht. Und Grille hätte sagen können, als seine Mutter plötzlich zulangte: „Also scheint es mit deiner Schlankheitskur ja doch nicht sooo ernst zu sein! Vielleicht bestellst du dir auch ein Stück Kuchen?"
Zwei Möglichkeiten gibt es, daß die Mauer zwischen zwei Menschen gar nicht erst so groß anwächst. Erstens: **Man sagt klipp und klar, was man denkt. Und zwar sofort, auf der Stelle.** Das ist besser, als etwas stundenlang oder gar Wochen in sich hineinzufressen.

Dann kommt es meistens nämlich zum ganz großen Knall. Da ist es schon besser, gleich zu sagen, „was Sache ist!"
Zweitens: Der Ton macht die Musik! Mit anderen Worten: **Du kannst einem anderen ruhig deine Meinung sagen, wenn du es verstehst, den richtigen Moment abzupassen und den richtigen Ton zu finden!** Wenn der Vater also gerade im Badezimmer steht, Rasierschaum im Gesicht und sich überlegt, wie er dem Chef im Büro gleich die Meinung sagen will, dann ist das sicher nicht gerade der beste Moment, ihn um etwas zu bitten. Das geht viel besser, wenn er in einer gemütlichen Stimmung ist, beim Abendbrot oder bei einem Wochenendausflug. Hinzukommt **der richtige Ton:** Wenn man sagt: „Du bist der unsportlichste Typ der Welt, aber trotzdem solltest du gefälligst erlauben, heute abend die Sportschau zu sehen!" dann hat man vermutlich weniger Glück als wenn man sagt: „Da hab ich neulich einen so tollen Fußballer im Fernsehen gesehen. Heute abend spielt er wieder! Glaubst du nicht, daß du dich auch dafür interessieren könntest? Vielleicht können wir ja zusammen gucken?" **Vorschläge sind besser als Vorwürfe. Das sollte man bedenken, wenn man einen dringenden Wunsch hat.**
Wenn aber die Mauer schon so hoch ist, daß es schwierig ist, sich die Hand zu reichen? Dazu möchte ich drei „Mauer-Brecher" vorschlagen:

miteinander reden kann Dieser Bericht stand in einem Schülermagazin

wieder mit dir!«

Der erste „Mauer-Brecher": Ich versuche, mich in die Lage des anderen zu versetzen.

Zum Beispiel, Gerda hat einen Freund, den sie sehr gerne mag. Plötzlich grüßt er sie nicht mehr. Was könnten die Gründe sein? (Am besten, du nimmst dir einen Bleistift, und kreuzt an!)

■ Der Freund will nichts mehr von Gerda wissen. Er findet sie doof.
■ Der Freund hat wegen Gerda Krach mit seinen Eltern bekommen. Sie haben ihm gesagt, er soll sie nicht mehr angucken, und das versucht er nun.
■ Der Freund hat festgestellt, daß er sich unheimlich in Gerda verliebt hat. Wenn er sie von weitem sieht, wird er schon rot. Deshalb versucht er, ihr auszuweichen, weil er mit seinen Gefühlen nicht klarkommt.
■ Der Freund hat sich in eine andere verliebt. Deshalb guckt er Gerda nun nicht mehr an . . .

● Vielleicht gibt es noch eine ganze Reihe anderer Gründe. Wichtig ist nur, daß man sich alle Möglichkeiten vor Augen hält. Wenn man lernt, nicht nur die eigene, sondern auch die Lage des anderen zu sehen, kann die Mauer schon ganz schön zum Bröckeln kommen!

Zeichnungen: Detlef Kersten

Der zweite „Mauer-Brecher": Ich zeige, was ich empfinde.

Das ist sehr schwierig. Auch hier gibt es eine Reihe von Möglichkeiten. Bleiben wir beim Beispiel von Gerda!

■ Gerda tut so, als ob sie das abweisende Verhalten ihres Freundes gar nicht merkt.
■ Gerda fragt eine Freundin um Rat und führt mit ihr lange Gespräche über dieses Problem.
■ Gerda versucht, alleine klarzukommen. Oft muß sie abends vor dem Einschlafen weinen.
■ Gerda geht direkt auf ihren „alten" Freund zu und stellt ihn zur Rede.
■ Gerda schreibt ihm einen Brief. Sie sagt ihm, daß sie traurig ist und sehr gern wieder mit ihm zusammen wäre.

● Auch hier gibt es sicher noch viele andere Möglichkeiten. Wichtig ist, daß jeder die Möglichkeit herausfindet, die am besten zu ihm paßt. Mir scheint: Auch hier kann Offenheit am besten helfen! Denn vielleicht ahnt Gerdas Freund ja gar nicht, wie traurig sie ist? Vielleicht wartet er ja auf ein Zeichen? Und selbst wenn er nichts mehr von ihr wissen will: Gerda wird die Wahrheit auf die Dauer leichter ertragen, als wenn sie nur in Vermutungen schwebt.

Der dritte „Mauer-Brecher": Ich suche eine gemeinsame Lösung.

Dazu ein anderes Beispiel: Suse ist elf Jahre alt. Sie hat dauernd Krach mit ihrem jüngeren Bruder Johannes. Neulich hatte sie ihre Freundinnen zu Besuch. Da kam Johannes ins Zimmer und brachte ihre Spiele-Sammlung durcheinander. Suse fühlt sich außerdem benachteiligt: Immer muß sie im Haushalt helfen, Johannes braucht nichts zu tun! Wie könnte Suse mit diesem Problem fertig werden? Auch dazu ein paar Möglichkeiten:

■ Suse versucht, ihren Bruder gar nicht zu beachten. Sie läßt ihn „abblitzen".
■ Suse spricht mit ihren Eltern. Sie sagt, daß sie sich benachteiligt fühlt.
■ Suse bittet ihren Bruder, ihr bei den Hausarbeiten zu helfen.
Sie bittet, wie gesagt, und gibt keine Befehle!
■ Suse verspricht ihrem Bruder, mehrmals in der Woche mit ihm zu spielen. Sie bittet ihn als „Gegenleistung", sie in Ruhe zu lassen, wenn Freundinnen kommen.

● Die Suche nach der gemeinsamen Lösung, bei der es keinen Sieger und keinen Verlierer gibt, ist sicher schwer. Vor allem, wenn man jünger ist, kleiner, schwächer. Eltern, Lehrer, ältere Geschwister sitzen oft „am längeren Hebel". Doch das darf einen nicht entmutigen! Vielleicht ist ja bei den hier vorgestellten „Mauer-Brechern" einer dabei, der dir ein bißchen hilft?

Mädchen und Jungen

... Jungen oder Mädchen?

Mädchen-Dinge und Jungen-Dinge?

1 Alle Jungen und Mädchen bringen etwas von zu Hause mit.
Welche Dinge mögen Mädchen gern?
Welche Dinge mögen Jungen gern?
Welche Dinge mögen beide gern?

2 Jeder stellt ein Blatt her, auf dem Jungen-Dinge und daneben Mädchen-Dinge zu sehen sind. Vergleicht die Blätter.

Ein Schreib-Gespräch

Zora (Z): Du ärgerst mich, Mara und Karin beim Gummihüpfen.
Hannes (H): Das stimmt nicht.
Z: Ja, das stimmt.
H: Liebst du mich, ja oder nein?
Z: Nein.
H: Wenn du wütend bist, gefällst du mir am besten.
Z: Liebst du mich, ja oder nein?
H: Ja.
Z: Ich weiß nicht, ob ich einverstanden bin.
H: Doch, du bist einverstanden.
Z: Stimmt das wirklich?
H: Ja!
...
H: Sind wir wieder Freunde? Na ja, du weißt schon wegen was.
Z: Ja. Ende.

Diese Regeln für ein Schreib-Gespräch sollten beachtet werden:

– Das Paar, das sich unterhält, darf nicht reden, sondern nur schreiben.
– Jeder Partner, jede Partnerin schreibt nur einen Satz.
– Jede Partnerin, jeder Partner ist für die eigenen Sätze ganz allein verantwortlich. Es gibt kein Hineinreden oder Hineinschreiben.

Bücher-Freundschaften

Sucht Bücher aus, in denen über Freundschaft berichtet wird, und stellt sie euch gegenseitig vor: Wer ist mit wem befreundet oder möchte sich befreunden? Welche Schwierigkeiten werden beschrieben? Wie gehen die Bücher-Kinder damit um?

AUSGRABUNGEN IM JAHR 2100

Stellt euch vor, ihr seid eine Gruppe Wissenschaftlerinnen und Wissenschaftler im Jahr 2100. Ihr wollt Dinge aus der „Vergangenheit" ausgraben und feststellen, wem sie wohl gehört haben.

So könnt ihr spielen:

Euer Grabungsfeld ist der Sandkasten, die Springgrube oder eine Wanne mit Sand.

Einige Kinder verbuddeln kleine oder auch größere Dinge, die nicht mehr gebraucht werden. Jemand gräbt vorsichtig und langsam aus. Wer kann zuerst sagen, was es ist und ob der Gegenstand einem Jungen gehört hat oder einem Mädchen?

Theater-Freundschaften

Ihr könnt euch ein Spiel über Freundschaft ausdenken und es als kurzes Theaterstück einüben und vorspielen. Ideen dazu findet ihr sicher in Büchern oder wenn ihr euch gegenseitig Geschichten erzählt: *Wie mir meine Freundin einmal geholfen hat* oder *Da war ich froh, daß mein Freund da war*.

Ihr könnt auch ein Mauerbrecher-Spiel erfinden (vergleiche Seite 26 und 27).

Internationales Kinderfest

Ein internationales Kinderfest könnt ihr selbst organisieren. Es macht vor allem Spaß, wenn unterschiedliche Länder vertreten sind. Hier folgen einige Tips, die euch helfen können, ein solches Fest zu organisieren.

Was alle gemeinsam überlegen sollten

Wann und wo kann das Fest stattfinden?
Wer soll dazu eingeladen werden?
Wer übernimmt die Vorbereitung für welches Land?

Was die Länder-Gruppen überlegen und besorgen könnten:

Informationen über das Land

– Wo liegt es?
– Welche Sprache wird dort gesprochen?
– Wie sieht diese Sprache geschrieben aus?
– Was gibt es über die Schule zu berichten? (Wie lang dauert die Grundschule ...)
– Welches Geld gibt es dort?
– Welche Besonderheiten gibt es? (Kleidung, Sehenswürdigkeiten ...)

Spiele, Lieder, Tänze

– Wie könnte man Spiele, Lieder oder Tänze herausfinden? (Lehrer, Eltern, Bücher ...)
– Welche machen besonderen Spaß, welche eignen sich für das Fest?
– Wie kann man sie den anderen beibringen?

Speisen und Getränke

– Welche speziellen Produkte gibt es? (Früchte, Nahrungsmittel, Rezepte ...)
– Was davon könnte man beschaffen?
– Wer könnte dabei helfen? (Eltern, Lebensmittelhändler ...)

Als Beispiele findet ihr auf den folgenden Seiten Informationen, Anregungen und Ideen für die Länder Griechenland, Marokko und Schweden.

GRIECHENLAND

ΕΛΛΑΣ

Ein griechisches Kinderlied

Für die Kinder der ganzen Welt

Aus Griechenland komm ich
und du kommst aus Afrika,
auch ein kleiner Eskimo
und ein Chinesenkind sind da.
Aus Griechenland … (Wiederholung)

Und ich träum davon,
daß wir miteinander lachen
und miteinander spielen
und lauter Unsinn machen.

Aus Griechenland …

Was du zu mir sagst,
das kann ich zwar nicht verstehn,
doch ich weiß, daß wir als Freunde heute
auseinandergehen.

sinngemäß übersetzt
Zu dem Lied kann man auch tanzen.

Ein Spiel aus Griechenland: Der Kürbis „I Kolokidia"

Gespielt wird im Sitzkreis.
Spielverlauf: Jeder Mitspieler und jede Mitspielerin erhält eine Zahl. Die Fragen und Antworten müssen schnell gesprochen werden. Die, die zu langsam reagiert haben oder antworten, obwohl sie gar nicht angesprochen waren, scheiden aus. Man scheidet auch aus, wenn man eine Zahl nennt, die nicht mehr im Spiel ist.
Während des Spiels darf man „täuschen", das heißt, man schaut nicht das Kind an, dessen Zahl man gerade nennt, sondern ein anderes.
Das Spiel endet, wenn nur noch zwei übrigbleiben.

Nr. 1 beginnt: „Meine Kürbispflanze hat 10 Früchte.
    Nr. 10: „Wieso 10?"
     Nr. 1: „Wieviel sonst?"
    Nr. 10: „Ich sag' 8."
     Nr. 8: „Wieso 8?"
    Nr. 10: „Wieviel sonst?"
und so weiter …

Am Ende des Spieles bestimmten die beiden Übriggebliebenen, was die ausgeschiedenen Kinder zu tun haben, zum Beispiel ein Lied singen oder einen Purzelbaum machen …

Schule

Alle Kinder kommen mit sechs Jahren in die Schule und besuchen sechs Jahre lang gemeinsam die Grundschule. Danach besuchen alle für drei Jahre das Gymnasium.

Rezept für eine griechische Vorspeise

Tsatziki
1 kg Quark (2/3 Magerquark und 1/3 Sahnequark)
1 große Salatgurke
1 Bündel Dill
1/2 Tasse Olivenöl
3 Eßlöffel Essig
Salz nach Geschmack
4–5 Knoblauchzehen

31

Marokko

المغرب

> إلي بيلْعَبْ مَعْ القُطْ بَدُو يلقِىَ خُرا مِيشُوه
>
> Wer mit der Katze spielt,
> muß ihre Kratzer vertragen
>
> *illi byil'ab ma'il qot bado yilqa ḫramišo*

Ein arabisches Sprichwort

Ein Lieblingsgetränk: starker gesüßter Pfefferminztee

Schule:
Alle Kinder gehen mit sechs Jahren in die Schule und besuchen sechs Jahre lang gemeinsam die Grundschule. Nach dem 6. Schuljahr können Schüler mit guten Zeugnissen ins Gymnasium wechseln.

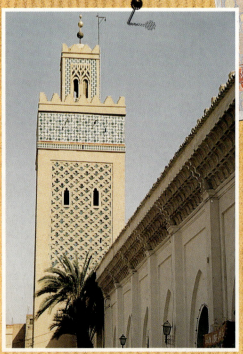

Eine Moschee

Ein Lieblingsspiel: *Wer war's?*

Das Spiel wird im Raum oder draußen gespielt. Die Mitspieler teilen sich in zwei gleich starke Gruppen auf. Die Spieler der Gruppe 1 stellen sich im Halbkreis auf. Die Spieler der Gruppe 2 stellen sich dahinter und halten den Spielern der Gruppe 1 die Augen zu.
Die Spieler der Gruppe 2 vereinbaren, ohne zu sprechen, daß ein Spieler der Gruppe 1 wieder sehen darf. Dieser Spieler der Gruppe 1 läuft leise auf einen Spieler seiner Gruppe zu, tippt ihn an und kehrt an seinen Platz zurück.
Jetzt dürfen alle Spieler der Gruppe 1 wieder sehen, und der Angetippte muß raten: „Wer war's?"
Errät er es nicht, wird in der gleichen Weise weiter gespielt. Errät er es, stellt sich seine Gruppe nach hinten und hält den anderen die Augen zu …

Schweden
Sverige

Das Lucia-Fest

Montag Wäsche waschen	**Dienstag** Wäsche spülen	**Mittwoch** Wäsche aufhängen	**Donnerstag** Wäsche bügeln	**Freitag** Wäsche mangeln
Måndag Trätta kläder	**Tisdag** Skölja kläder	**Onsdag** Hänga kläder	**Torsdag** Stryka kläder	**Fredag** Mangla kläder
Samstag unsern Boden scheuern		**Sonntag** zur Kirche gehen		
Lördag Skura vårt golf		**Söndag** Gå till Kyrkan		

So gehen wir rund um den Vogelbeerbaum

So gehn wir rund um den Vogelbeerbaum,
Vogelbeerbaum, Vogelbeerbaum,
so gehn wir rund um den Vogelbeerbaum
zeitig am Montagmorgen.
So machen wir, wenn wir Wäsche waschen,
Wäsche waschen, Wäsche waschen.
So machen wir, wenn wir Wäsche waschen
zeitig am Montagmorgen.

Das Lied wird mit allen Wochentagen und den Tätigkeiten wie in der Zeichnung fortgesetzt.

Ein Freundschafts-Herz

Schule

Alle Kinder kommen mit sechs oder sieben Jahren in die Grundschule.
Dort bleiben sie neun Jahre zusammen.
Danach ist der Schulbesuch freiwillig.
Alle, die in eine Gymnasialschule gehen wollen, können sich dort um einen Platz bewerben.

Länder Europas

Eine Erzählung aus dem Leben der Wölfe

Wenn man Hunde verstehen und richtig mit ihnen umgehen will, muß man viel über sie wissen: Was können und brauchen Hunde von Natur aus? Was ist für sie wichtig? Wie verständigen sie sich untereinander? Was bedeuten die Menschen für einen Hund? Was kann ein Hund lernen?

Nach vielen Untersuchungen und Forschungen weiß man heute, daß alle unsere Hunderassen vom Wolf abstammen. Wenn man etwas über das ursprüngliche Verhalten der Hunde wissen will, muß man untersuchen, wie Wölfe leben.

Die nachfolgenden Auszüge sind dem Buch „Julie von den Wölfen" von Jean Craighead George entnommen. Julie ist die vierzehnjährige Tochter des Eskimojägers Kapugen in Alaska. Mit ihrem Eskimonamen heißt sie Miyax. Miyax hat ihre Kindheit im Zeltlager der Seehundjäger am Eismeer verbracht und von ihrem Vater viel über das Leben der Natur gelernt. Als ihr Vater eines Tages nicht mehr von der Seehundjagd zurückkehrt, läuft Miyax davon. Mit Rucksack und Zelt, Kochtopf, Messer und Zündhölzern versehen macht sie sich auf den Weg, um eine Brieffreundin in einer fernen Stadt aufzusuchen. Sobald sie von der Küste weg ins Landesinnere kommt, verirrt sie sich, weil es in der Tundra keine Bäume und Berge gibt, an denen sie sich orientieren kann. Eines Tages trifft sie auf ein Wolfsrudel. Sie schlägt ihr Zelt in der Nähe der Wölfe auf, weil sie hofft, mit Hilfe der Wölfe Nahrung zu finden.

Am besten lest ihr den folgenden Text abschnittweise vor und sprecht darüber.

● Miyax beobachtete die Wölfe nun schon seit zwei Tagen. Sie wollte herausfinden, mit welchen Lauten und Gesten die Wölfe Wohlwollen und Freundschaft ausdrückten. Die meisten Tiere haben solche Verständigungszeichen. Polar-Backenhörnchen bewegen die Schwänzchen seitwärts, um einander kundzutun, sie seien freundlich gesinnnt.
Dieses Schwänzchengewackel mit ihrem Zeigefinger nachahmend, hatte Miyax schon manches Backenhörnchen angelockt. Wenn sie nun eine Wolfsgeste herausfinden konnte, war sie vielleicht imstande, sich mit den Wölfen anzufreunden und an ihren Mahlzeiten teilzunehmen, wie ein Vogel oder ein Fuchs es zuweilen taten.

● Auf die Ellbogen gestützt, das Kinn zwischen den Fäusten, starrte Miyax den schwarzen Wolf an, bemüht, seinen Blick auf sich zu zwingen. Sie hatte ihn ausgewählt, weil er bedeutend größer war als die anderen.
Der schwarze Wolf galt wohl auch als klug und erfahren; sie hatte beobachtet, daß das Rudel auf ihn blickte, wenn der Wind fremde Gerüche brachte oder wenn die Vögel plötzlich ängstlich zu rufen begannen. Zeigte der große Wolf sich beunruhigt, war das Rudel es auch. War er ruhig, verhielten auch sie sich ruhig. Im Gras regte sich ein Vogel. Der Wolf sah hin. Eine Blume bog sich im Wind. Er blickte kurz hinüber. Dann wellte eine Brise den Flaum des Pelzes an Miyax' Anorak, er glänzte auf, aber der Wolf sah nicht hin. Miyax wartete. Daß man mit der Natur Geduld haben mußte, hatte schon der Vater ihr eingeprägt, und so hatte sie sich auch jetzt nicht einfallen lassen, sich rasch zu bewegen oder den Wolf laut anzusprechen. Trotzdem mußte sie bald etwas zu essen bekommen oder verhungern.
Ihre Hände zitterten, sie würgte die Angst hinunter und versuchte ruhig zu bleiben.

● „Amaroq, ilava, Wolf mein Freund", rief sie endlich. „Schau mich an! Schau mich doch bitte an!"
Amaroq betrachtete seine Klaue und wandte dann langsam, ohne die Augen zu heben, den Kopf nach Miyax. Er beleckte seine Schulter. Ein paar verfilzte Haare stellen sich einzeln hoch und glitzerten feucht.
Dann wanderten die Wolfsaugen zu dem Rudel hinüber, glitten über jeden einzelnen der drei erwachsenen Wölfe und schließlich zu den fünf Welpen, die, zu einem einzigen flaumigen Klumpen geballt, nahe dem Höhleneingang schliefen. Die Wolfsohren richteten sich hoch, höhlten sich nach vorn, stellten sich wie Horchgeräte ein auf ferne Botschaft aus der Tundra. Miyax' Körper straffte ich, auch sie lauschte. Erhorchte der Wolf einen in der Ferne aufkommenden Sturm, einen sich nähernden Feind? Offensichtlich nicht. Seine Ohren erschlafften.
Nach einer Weile hob sie die Lider, und das Herz in ihrer Brust begann wie ein erschrockener Vogel zu flattern. Amaroq blickte sie an!

● „Ee-lie", rief sie und krabbelte auf die Füße. Der Wolf spannte die Nackenmuskeln, und seine Augen wurden zu schmalen Schlitzen. Er richtete die Ohren nach vorn.

Miyax winkte. Der Wolf zog die Lefzen zurück und zeigte die Zähne. Erschreckt von dem Laut, der ihr wie ein Knurren schien, drückte sie sich wieder flach auf den Bauch. Amaroq legte die Ohren zurück und bewegte den Schwanz zu einem einmaligen Wedeln. Dann schüttelte er den Kopf und blickte weg.

● Entmutigt tastete Miyax sich rückwärts den Hügel hinunter und erreichte ihren Lagerplatz mit den Füßen voran. Warum hatte er die Zähne gefletscht? Um sie einzuschüchtern? Er mußte doch wissen, daß sie ein Kind war und ihm nicht gefährlich werden konnte. Nein, sagte sie sich, Zähnefletschen war eine Mitteilung, ein Befehl. Der Wolf hatte sie angeredet, hatte ihr befohlen, sich niederzulegen. Nicht mit seiner Stimme hatte der Wolf zu ihr geredet, sondern mit seinen Ohren, seinen Augen, seinen Lefzen; und er hatte sie sogar mit einem Wink seine Schwanzes kommandiert.

Sie stellte ihren Topf nieder, kletterte auf den frostbraunen Hügel und legte sich der Länge nach auf den Bauch. „Amaroq", schmeichelte sie, „ich verstehe die Wolfssprache schon sehr gut. Kannst du mich auch verstehen? Hunger, Hunger, großer Hunger! Fleisch! Bitte bring mir Fleisch!"

● Der große Wolf sah nicht zu ihr hinüber, und in Miyax stiegen Zweifel auf, ob sie das Fletschen, Knurren, Wedeln richtig übersetzt hatte. Wahrscheinlich gab es überhaupt keine Wolfssprache. Zumindest konnte man mit Ohren- und Schwanzgewackel kaum Gespräche führen. Sie drückte die Stirn in den Moosgrund und überlegte, was eigentlich zwischen ihr und den Wölfen vorgegangen war.

Amaroq bequemte sich auf die Füße, und wie er sich so langsam erhob, schien er den Horizont zu füllen und die Sonne auszulöschen. Er war ungeheuer groß. Er konnte Miyax auf einen einzigen Bissen hinunterschlucken, ohne zu kauen. „Aber er wird's nicht", mumelte sie. „Wölfe gehen nicht auf Menschenjagd. Blaßgesichtermärchen sind das. Kapugen hat immer gesagt, daß die Wölfe sich zu den Menschen wie Brüder benehmen, freundlich sind sie und hilfreich."

● Ein Wolfsjunges, ein kleines, schwarzes, schaute zu ihr herüber und wedelte. Hoffnungsvoll streckte Miyax ihm bittend eine Hand entgegen. Das Wolfsschwänzchen wackelte heftiger. Silberpelz aber, die Wölfin, stürzte auf das Junge zu und stellte sich über den Kleinen. Ohne Zweifel fand sie sein Benehmen ungehörig. Als das Wölflein dann reumütig ihre Wange beleckte, zog sie die Lefzen zurück. Ihre weißen Wolfszähne blitzten, es sah wie ein Lächeln aus.

Amaroq lief ruhelos den Hügelkamm auf und ab, als wittere er, daß etwas Ungewöhnliches im Kommen sei. Seine Augen schossen Blicke zu Silberpelz, dann zu dem grauen Wolf hin, den Miyax Klaue genannt hatte. Diese raschen Blicke waren wohl eine Aufforderung, denn Silberpelz und Klaue glitten an seine Seite, traten mit den Vorderläufen den Moosboden und bissen den großen Wolf sanft unterhalb des Kinns in den Hals. Er schlug wild mit dem Schwanz und nahm die schlanke Nase der Wölfin sacht zwischen die Zähne. Sie duckte sich unterwürfig, leckte ihm die Wange und beknabberte zärtlich seinen Unterkiefer. Amaroqs Schwanz peitschte hoch. Er beschnüffelte sie liebevoll. Dann kam der graue Wolf heran. Er nahm Amaroqs Maul in seinen Rachen, und der Anführer biß ihn in die Nasenspitze. Ein dritter Wolf, ein schmächtiger Rüde, kam schuldbewußt angeschlichen. Er ließ sich vor Amaroq zuerst auf den Bauch nieder, wälzte sich dann furchtsam auf den Rücken, wandt sich und zappelte. Miyax beschloß, diesen Wolf Pudding zu nennen.

Die Zeichnungen sind einem Buch über Wildhunde des Hundeforschers Eberhard Trumler entnommen

● Amaroq erhob sich und trabte eilig den Hang abwärts. Klaue folgte ihm und dahinter lief Silberpelz, dann Pudding. Aber er kam nicht weit. Silberpelz wandte sich um und blickte ihm gerade in die Augen. Angriffslustig richtete sie die Ohren nach vorn und hob den Schwanz. Da ging Pudding zurück zu den Wolfsjungen, und die drei Wölfe stoben fort, so rasch, daß es aus einiger Entfernung aussah, als flögen drei dunkle Riesenvögel über die Ebene. Miyax robbte auf ihren Ellbogen vorwärts, um besser zu sehen, sie wollte noch mehr von den Wölfen erfahren. Wie man sich benehmen mußte, um als artiges und gehorsames Wolfsjunges zu gelten, wußte sie schon: man mußte den Leitwolf bewundernd anstarren, sich ducken und dabei wedeln. Wollte man Anführer eines Rudels sein, mußte man die Nasenspitzen der anderen ganz sacht mit den Zähnen packen. Und wie man Pudding befehlen konnte, auf die jungen Wölfe aufzupassen, wußte sie auch. Es fehlten ihr bloß große Ohren und ein Wolfsschwanz; hätte ich die, dachte Miyax, dann könnte ich den Wölfen alles mögliche erklären und mich mit ihnen unterhalten.

Sie legte ihre Hände an den Kopf wie Wolfsohren, erst flach, um Freundschaft anzubieten, dann schob sie die Finger-Ohren zurück, wie ein Wolf die Ohren

zurücklegt, wenn er sich fürchtet, und dann ließ sie die Hände am Kopf vorschnellen wie ein angriffslustiges Wolfstier. Zufrieden verschränkte sie die Arme und beobachtete weiter das Benehmen der Jungen. Der kleine schwarze Wolf sprang auf einen kleinen Erdhügel und bellte. Dann kam er plötzlich auf sie zugetrottet.

„Du bist ein ganz lieber Wolf und furchtbar tapfer!" sagte Miyax. „Und ein ganz besonderer. Und jetzt weiß ich auch warum. Du bist das Leitwölflein der Wolfsbabys. Ein ganz starker und gescheiter Wolf wirst du sein, wenn du erst einmal erwachsen bist. Und darum nenn ich dich Kapugen, nach meinem Vater. Aber rufen werde ich dich Kapu, das ist kürzer."

Kapu zog die Stirn in Falten und stellte ein Ohr auf. „Du verstehst mich nicht, was?" fragte Miyax. Kaum hatte sie das gesagt, als Kapus Schwänzchen sich aufstellte, sein Mäulchen öffnete sich ein wenig. Pudding ließ ein Winseln hören, das an- und abschwoll, und Kapu lief zu den andern zurück.

● Sie wollte eben in ihr Häuschen zurückschlüpfen, als sie hörte, wie unweit Gras raschelte. Vorsichtig spähend sah sie Amaroq und seine Jagdgefährten um ihren kleinen Erdhügel streifen und fünf Fuß weitab stehenbleiben, und sie witterte den süßlichen Geruch von Wolfsfell.

Die Härchen im Nacken des Mädchens stellten sich auf, und ihre Augen weiteten sich. Amaroqs Ohren richteten sich angriffslustig vor, und Miyax erinnnerte sich, daß ein Wolf weitgeöffnete Augen für einen Ausdruck der Angst hält. Es war falsch, ihm zu zeigen, daß sie Angst hatte. Tiere greifen an, wenn sie merken, daß der andere

● Die ganze helle Nacht durch wartete sie darauf, daß Amaroq mit Futter für sie und die anderen Wolfsjungen heimkehrte. Als sie ihn endlich am Horizont auftauchen sah, ließ sie sich auf alle viere niederfallen und krabbelte auf ihren Auslug. Amaroq trug nichts im Maul, er brachte nichts zu essen.

Silberplez kam den weiten Hang herauf, gab Laut, es war das Knurrwinseln, das die Kleinen zusammenrief. Kapu rannte auf sie zu. Die Wölfin zog die Lefzen zurück, es sah wie Lächeln aus, und benaste ihn liebevoll. Und dann plötzlich steckte Kapu seine kleine Nase in den Mundwinkel der Mutter. Silberpelz krümmte den Rücken, ihr Nacken bog sich, und dann würgte die Wölfin einen kleinen Fleischberg aus sich heraus. Mit wildem Geknurr fiel Kapu über dem Fraß

sich fürchtet. Miyax versuchte, ihre Augen zu Schlitzen zu verengen, aber das war wohl auch nicht ganz das richtige. Schmale Augenschlitze bedeuten eine Drohung. Verzweifelt versuchte sie sich zu erinnern, wie Wölfe einander begrüßen.

Sie bewegte sich also auf Amaroq zu. Ihr Herz schlug wild, als sie knurrwinselnd den Laut hervorstieß, mit dem kleine Wölfe ehrfurchtsvoll um Aufmerksamkeit bitten. Dann legte sie sich auf den Bauch und blickte zu dem Leitwolf auf. Der riesige Wolf ging in Verteidigungsstellung und wich ihrem Blick aus. Sie hatte also etwas Falsches gesagt! Vielleicht hatte sie ihn sogar beleidigt. Irgendeine nichtssagende Geste, für Miyax bedeutungslos, war offensichtlich bedeutsam für den Wolf. Zornig richtete er seine Ohren nach vorn, und alles schien verloren. Am liebsten wäre Miyax in wilder Flucht davongerannt, aber sie nahm all ihren Mut zusammen und schmeichelte sich näher an ihn heran. Und dann patschte sie ihn leicht unter dem Kinn auf den Hals. Ein Signalruf war das. Er durchlief den Körper des Wolfs und weckte in dem riesigen Tier ein Gefühl von Zärtlichkeit und Zuneigung für das Kind, das dicht vor seinen Pranken lag und ihn anlächelte. Amaroq legte die Ohren zurück und wedelte freundschaftlich.

her. „So ist das!" sagte Miyax. „Wolfsmütter schleppen das Fleisch in einer Bauch-Einkaufstasche. Aber was hab' ich davon?" Ein anderer kleiner Wolf spazierte zu Amaroq hinüber und steckte die kleine Schnauze in den Winkel des großen Wolfsmauls. Amaroq würgte Futter hervor. Das also war das Geheimnis der wohlgenährten kleinen Wölfe. Sie wurden von Mutters Milch entwöhnt und bekamen gut vorgekautes und vorverdautes Fleisch.

Mit Hilfe der Wölfe hat Julie überlebt. Eines Tages gelang es ihr, an Fleisch zu kommen, als Kapu seine Schnauze in Puddings Mundwinkel bohrte und dieser Futter herauswürgte. Dann lernte Julie immer mehr, sich ihre Nahrung selbst zu beschaffen und nach einigen Monaten ist sie dann wieder auf Menschen getroffen.

Berichte über Hunde

1. Bericht In seinem Buch „Mit dem Hund auf du" berichtet der Hundeforscher Eberhard Trumler über die Entwicklung junger Hunde. (Die beiden Ausschnitte wurden leicht gekürzt und vereinfacht.)

Das Pfötchengeben

Nach etwa 3 Wochen beginnt für die Welpen eine Zeit, in der sie besonders viel lernen müssen. Die Hündin säugt jetzt ihre Welpen nicht mehr ausschließlich im Lager, sondern weit häufiger im Freien. Man sieht sie nun oft dabei sitzen, und bald steht sie auch. Die Welpen müssen nun mit den Köpfen nach oben saugen. Die kleinen Welpen können nicht mehr mit zwei Pfoten gegen den Bauch der Mutter treten.

aus: *Das neue Sach- und Machbuch 3*, Seite 53

Sie stützen sich mit einer Vorderpfote am Boden ab. Die andere Vorderpfote tritt in die Luft.
Ich beschreibe das deswegen so genau, weil es zeigt, wie ein typisches Hundeverhalten (das Pfötchengeben) entsteht.

Die Nase

Das Riechen entwickelt sich beim Hund sehr früh. Schon am 16., 17. oder 18. Tag können wir beobachten, wie der Welpe seine Geschwister beschnuppert; er schnuppert auch an unserem Finger, wenn wir ihn dicht vor seine Nase halten. Damit beginnt also die Wahrnehmung der Umwelt, und daß es gerade die Nase ist, die zuerst funktioniert, ist bei einem „Riechtier" eigentlich nicht verwunderlich. Auch für den erwachsenen Hund besteht die Welt weit mehr aus dem, was er riecht. Was er sieht und hört, ist weniger wichtig. Normalerweise offenbart die Nase dem Hund so viel von seiner Umwelt wie uns das Auge, wenn wir ein Fernglas oder eine Lupe benutzen. Ein Hund mit einer einigermaßen gut entwickelten Nase, der den ganzen Tag in der Wohnung lebt und nur zu den notwendigen Zeiten um die Ecke geführt wird, hat nichts vom Leben. Er trifft viel zu wenig auf neue Geruchsspuren. Gewiß, der Hund braucht körperliche Bewegung, seinen Auslauf, die Spaziergänge – aber noch viel mehr braucht er die geistige Bewegung. Ihm ist ein Spaziergang viel weniger deswegen wichtig, weil er sich auslaufen kann, sondern weil er so viel erleben und riechen kann.

✸ ✸ ✸

2. Bericht In seinem Buch „Tiergeschichten" berichtet der Tierverhaltensforscher Konrad Lorenz, was er bei der Begegnung von zwei Hunderüden beobachtet hat. Er hat versucht, in einfachen Zeichnungen die typische Haltung der Hunde zu zeigen. (Der Text wurde leicht gekürzt und vereinfacht.)

Wolf und ich gehen die Dorfstraße hinunter. Als wir am Gemeindebrunnen in die Landstraße einbiegen, sehen wir, gut zweihundert Meter entfernt, Wolfs langjährigen Feind und Rivalen Rolf auf der Straße stehen. Wir müssen unmittelbar an ihm vorbei, die Begegnung ist unvermeidlich. Die beiden sind die stärksten und am meisten gefürchteten, kurz, die rangältesten Hunde des Ortes; sie hassen einander wütend, fürchten sich aber gleichzeitig voreinander soweit, daß sie, soviel ich weiß, noch nie wirklich miteinander gerauft haben. Vom ersten Augenblick an hat man den Eindruck, daß die Begegnung beiden Teilen höchst unangenehm ist. Im Garten des Hauses eingesperrt, hinter Zaun und verschlossenem Tor, würden beide wütend

bellen und drohen. Nun aber läßt sich die Begegnung nicht mehr verhindern. Die beiden Feinde haben einander natürlich schon von weitem gesehen. Sie gehen sofort in „Imponierstellung", das heißt, sie richten sich hoch auf und heben die Schwänze senkrecht in die Höhe.

So nähern sich die beiden, immer langsamer und langsamer. Als nur noch etwa fünfzehn Meter sie trennen, legt sich Rolf plötzlich in die Stellung eines lauernden Tigers nieder. In keinem der Hundegesichter merkt man ein Zeichen der Unsicherheit, aber auch keines der Drohung. Stirn und Nasen sind nicht gerunzelt, die Ohren stehen steil und nach vorne gewandt, die Augen sind weit offen. Wolf reagiert auf die Lauerstellung Rolfs in keiner Weise, so bedrohlich diese auch auf den Menschen wirkt, sondern schreitet unbeeinflußt auf den Rivalen zu. Erst als er dicht neben ihm steht, erhebt sich Rolf ruckartig zu seiner vollen Größe, und nun stehen beide Seite an Seite und Kopf an Schwanz und beriechen einander die frei dargebotene Hinterregion.

Gerade dieses freie Darbieten (Schwanz bleibt hoch erhoben) ist der Ausdruck der Selbstsicherheit. Sowie sie auch nur um ein geringes schwindet, senkt sich der Schwanz. Man kann an seiner Stellung wie an einem Zeiger den Stand des Mutes ablesen, der den Hund beseelt.

Die gespannte Situation, in der die beiden Rüden unbeweglich stehen, dauert ziemlich lange. Allmählich beginnen die vorher glatten Gesichter sich zu verziehen: auf der Stirne entstehen Längs- und Querfalten, die Nase wird gerunzelt, die Zähne liegen bloß.

Dieser Gesichtsausdruck bedeutet Drohung. Der Grad des Mutes und der Sicherheit in der Stiuation drückt sich nur an zwei Stellen des Kopfes aus. an den Ohren und am Mundwinkel. Stehen die Ohren aufrecht nach vorne gedreht und sind die Mundwinkel weit nach vorne gezogen, so fürchtet sich der Hund nicht. Gleichzeitig beginnt das Knurren; je tiefer es klingt, desto sicherer fühlt sich der Hund.

Immer noch Seite an Seite stehend beginnen nun Rolf und Wolf einander zu umkreisen. Sie knurren immer drohender, aber sonst geschieht nichts. Ich greife nicht ein, sondern überlasse es den Hunden, einen Rückzug zu finden. Sehr langsam lösen sie sich voneinander, Schritt für Schritt gehen sie nach verschiedenen Seiten der Straße, und schließlich heben sie, immer noch mit einem Auge nach dem anderen schielend, gleichzeitig, wie auf Kommando, das Hinterbein.

Dann setzen sie in Imponierstellung ihren Weg fort.

* * *

3. Bericht

Hier kommt ein Hundebesitzer zu Wort.

Die Begegnung zwischen zwei Hunden kann auch anders ausgehen:
- Die Hunde springen sich bellend und schreiend an und versuchen sich gegenseitig zu beißen. Wenn einer den Kampf aufgeben will, wirft er sich auf den Rücken. In aller Regel beißt dann der Sieger nicht zu.

- Ein Hund bekommt Angst und zieht den Schwanz ein. Wenn er jetzt deutlich zeigt, daß er unterlegen ist, braucht nichts zu geschehen. Es kann aber auch sein, daß der Stärkere versucht, ihn beißend zu verjagen oder daß ein Kampf beginnt.

- Die Hunde beginnen mit dem Schwanz zu wedeln, fordern sich gegenseitig zum Spielen auf und beginnen, spielend hin und her zu rennen.

Übrigens: Solche Hundekämpfe gibt es nur, wenn Rüden aufeinandertreffen oder zwei Hündinnen. Ein Rüde kämpft nie mit einer Hündin, und ein erwachsener Hund kämpft nie mit einem Junghund.

Regeln für den Umgang mit Hunden

1. Genau beobachten

2. Überlegt handeln

Beispiel 1

Vor einem Geschäft ist ein Hund angebunden, und du möchtest ihn streicheln. Sobald du näher kommst, legt der Hund die Ohren an und kneift den Schwanz ein: Er ist unsicher, weil er angebunden ist und nicht weglaufen kann, wenn er möchte. Vorsicht, nicht näher gehen und anfassen! Ein Hund, der sich in die Enge getrieben fühlt, kann aus Angst angreifen und zubeißen.

Beispiel 2

Du gehst an einem Zaun vorbei, hinter dem ein Hund herumläuft. Der Hund bellt dich böse an und rennt am Zaun auf und ab. Er will dich nicht beschimpfen. Er verteidigt nur sein Revier. Niemals durch den Zaun fassen! Das wäre ein Einbruch ins Revier. Der Hund könnte zuschnappen.

Beispiel 3

Beim Spaziergang kommt ein großer Hund auf dich zugelaufen. Er hat die Ohren aufgestellt und versucht, an deinem Gesicht zu schnüffeln. Dir wird es etwas unheimlich.
Ruhig stehen bleiben! Wegrennen kann als Flucht oder als Aufforderung zum Spielen verstanden werden, und dann rennt der Hund hinterher und versucht dich anzuspringen.

Luft besteht aus verschiedenen Gasen.
Für Menschen und Tiere ist der **Sauerstoff** wichtig. Sie nehmen ihn in ihren Körper auf. Luft, die zu viel vom Gas Kohlendioxid enthält, macht Menschen und Tiere krank.
Besonders viel **Kohlendioxid** entsteht dort, wo etwas verbrannt wird, zum Beispiel über Städten und Industriegebieten.
Über den Wäldern wird die Luft mit **Sauerstoff** wieder aufgefrischt.

Wald-Kreisläufe

5 Die **grünen Blätter** stellen Nahrung für den Baum her: Sie **atmen** mit der Luft **Kohlendioxid** ein, und zusammen mit Wasser fabrizieren sie daraus **Zucker**. Bei diesem Vorgang entsteht viel **Sauerstoff**. Den atmen die Blätter wieder in die Luft aus.

4 Der Stamm und die Äste leiten das **Wasser** bis in die Blätter. Dort verdunstet es in die Luft. Über dem Wald können sich **Regenwolken** bilden.

6 Mit dem **Zucker** wird der ganze Baum versorgt: Blätter, Früchte, Zweige und Äste. So kann der Baum wachsen.

3 In den **Wurzeln** steigt das Wasser hinauf in die Pflanze. Auch Nährsalze aus dem Boden steigen mit hinauf.

7 Alle Pflanzenteile enthalten wertvolle Nährstoffe. Wenn sie absterben und auf dem Boden verrotten, werden sie zu **Humus,** in dem andere Pflanzen wieder gut wachsen können.

2 Der **Waldboden** ist wie ein Schwamm. Er nimmt das **Regenwasser** auf und speichert es.

8 Die vielen Wurzeln der Bäume halten das **Erdreich** fest und verhindern, daß es weggespült wird.

1 Das **Regenwasser** sickert ganz langsam durch den Waldboden. Dabei wird es wie in einem Filter gereinigt.

Und was wird sein, wenn es immer weniger Wälder gibt?

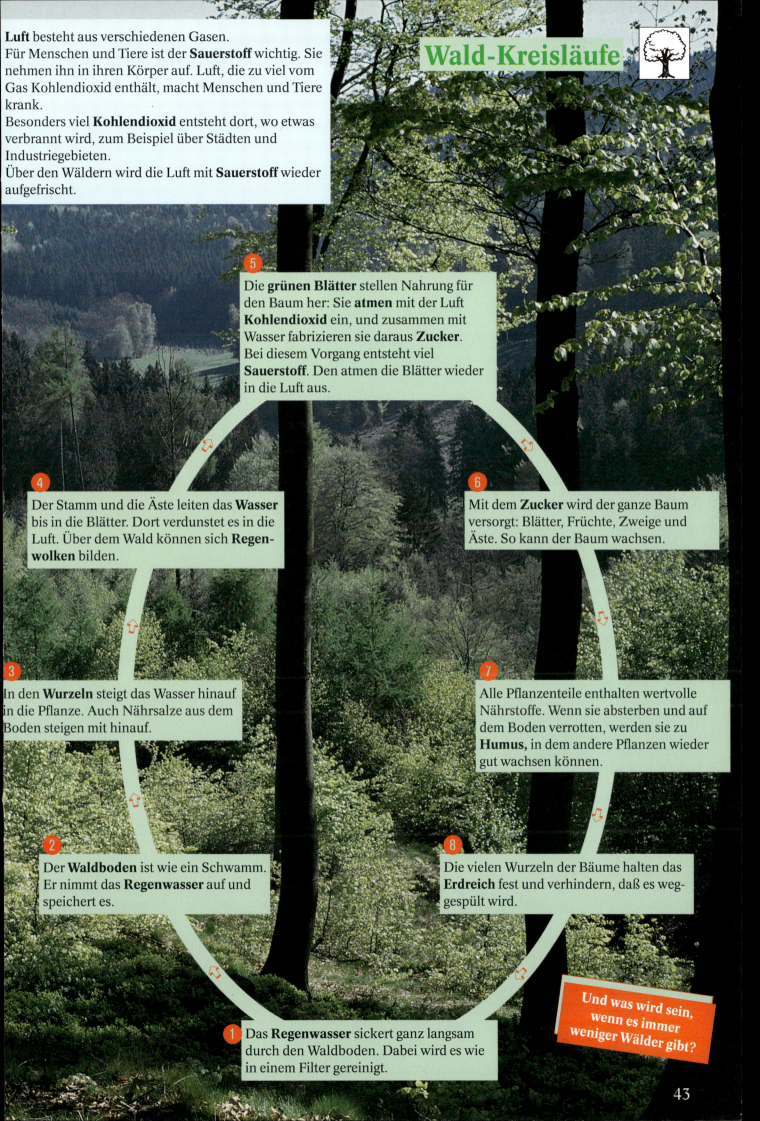

Wald

Eine Waldpyramide bauen

In der Natur hängen Lebewesen voneinander ab. Das könnt ihr gut mit einer Waldpyramide darstellen. Was passiert, wenn ihr einen Baustein herausnehmt?

Baut mehrere Waldpyramiden, zum Beispiel auch diese:

Auf Laubbäumen leben verschiedene Spanner-Schmetterlinge und ihre Raupen, auch Käfer und Larven.

Von ihnen ernähren sich viele Singvögel und Spitzmäuse.

Vögel und Mäuse werden von Mardern oder Greifvögeln gefressen.

Was man braucht:
- Informationen über Waldtiere und Waldpflanzen
- große Bausteine oder kleine Kartons oder Toilettenpapier-Rollen
- Abbildungen oder Zeichnungen der Pflanzen und Tiere
- Schere und Klebstoff

Ein Baumtelefon ausprobieren

Suche zusammen mit einem Partner oder einer Partnerin einen gefällten langen Baumstamm. Wer die Klopfzeichen hört, gibt eine Klopfantwort. Funktioniert das Telefon auch mit leisem Fingernagelkratzen?

Noch mehr Ideen

✤ Wald-Collagen aus Dingen, die es im Wald gibt, auf große Pappen legen oder kleben.
✤ Ein Walddüfte-Ratespiel herstellen.
✤ Plakate malen, die zum Schutz des Waldes auffordern.
✤ Waldbücher besorgen und lesen.
✤ Waldgedichte sammeln.
✤ Waldgeschichten schreiben.
✤ Einen Miniwald im Gurkenglas anpflanzen, wie im Flaschengarten auf Seite 57.
✤ Sich über den Kreislauf des Waldes informieren, auf der Seite 43.

klopfen   horchen

Eine Wald-Rallye vorbereiten

Bei dieser Rallye gibt es Stationen, an denen bestimmte Aufgaben gelöst werden sollen.

Die Mitspieler brauchen
- einen Wegeplan, auf dem die Stationen markiert sind
- die Zeitangabe für das Spielende
- ein Aufgabenblatt.

Beispiele für mögliche Aufgaben

- Hier liegt ein gefällter Nadelbaum. Zähle die Jahresringe und bestimme sein Alter.
- Suche unter der Borke der vermodernden Baumstämme nach den Fraßgängen der Borkenkäfer. Bringe ein kleines Stück Borke mit einem typischen Fraßmuster mit.
- Sammle von 3 verschiedenen Baumarten jeweils ein Blatt, eine Frucht und wenn möglich ein kleines Stück Rinde und bringe sie mit. Merke dir, was zusammengehört.
- Sehen die Bäume hier gesund oder krank aus? Zeichne die Merkmale auf, an denen du erkennst, daß ein Baum krank ist.

Informationen über Waldtiere sammeln

Auch der Regenwurm gehört zu den Waldtieren.
Würde man einen Quadratmeter Waldboden umgraben, wären darin mehr als 100 Regenwürmer zu finden. Das sollt ihr aber nicht tun! Nachts sind die Würmer damit beschäftigt, herabgefallene Blätter und andere Pflanzenteile in den Erdboden hineinzuziehen und zu fressen. Sie tragen mit dazu bei, daß aus abgestorbenen Pflanzenteilen guter, fruchtbarer Waldboden wird. Der Regenwurmkot ist eine besonders gute Pflanzerde.

Ein Terrarium für Regenwürmer einrichten

☆ Füllt ein kleines Terrarium oder ein großes Gurkenglas (4-Liter-Gurkengläser bekommt man im Restaurant geschenkt) abwechselnd mit Sand und guter Wald- oder Gartenerde.

☆ Gießt mit soviel Wasser, daß unten etwa 3 bis 5 cm „Grundwasser" zu sehen sind. Haltet die Erde stets so feucht.

☆ Regenwürmer sind lichtscheu. Bastelt aus dunklem Papier eine Hülle für das Terrarium.

☆ Setzt nun 2 oder 3 Regenwürmer ein, die ihr vorsichtig im Wald oder Garten ausgegraben habt.
Legt als Futter eine Schicht Birkenblätter obendrauf. Besonders gern fressen Regenwürmer auch zerkleinerte Lauchblätter und Kaffeesatz.
Bald werdet ihr die Arbeit der Regenwürmer beobachten können.

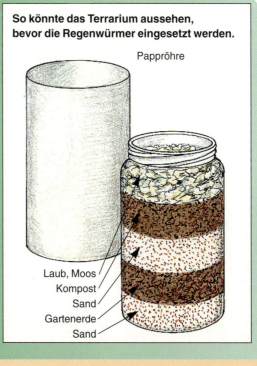

So könnte das Terrarium aussehen, bevor die Regenwürmer eingesetzt werden.

Pappröhre
Laub, Moos
Kompost
Sand
Gartenerde
Sand

Papierherstellung

Papierherstellung vor 200 Jahren

Zunächst wurde ein Faserbrei aus Lumpen hergestellt. Sie wurden zerstückelt, in Wasser aufgeweicht und zerstampft. Mit viel Wasser vermischt, kam dieser Brei in die große Bütte.

Der Büttgeselle schöpfte die Masse mit einem Sieb aus der Bütte, der Gautscher drückte den nassen Bogen auf einen Filz, und der Leger trennte die feuchten Bogen von den Filzen und stapelte sie auf.

Anschließend wurden die Bögen zum Trocknen aufgehängt. Damals konnten drei Fachleute an einem Tag bis zu 4000 Bogen Papier schaffen.

Papierherstellung heute

In einer modernen Papierfabrik können in einer Minute bis zu 2000 m lange und 6-10 m breite Papierbahnen hergestellt werden.
Alle Arbeitsgänge, die früher mit der Hand ausgeführt wurden, werden von Maschinen übernommen. Als Grundstoffe verwendet man Holz und Altpapier, die in feine Fasern aufgelöst werden.
Je nachdem, welche Papiersorten hergestellt werden sollen, mischt man die verschiedenen Fasern. Zusammen mit viel Wasser entsteht ein Faserbrei. Hinzu kommen können: Farben oder Bleichmittel, Füllstoffe ... Alles zusammen wird dann in die Papiermaschine gepumpt.

Die Papiermaschine

Ein Beispiel für eine solche Maschine seht ihr auf dem Bild. Die Maschine benötigt eine Halle von 200 m Länge, 45 m Breite und 20 m Höhe. Darin wäre Platz für etwa 300 Einfamilienhäuser.
Alle Arbeitsgänge, die nötig sind, um aus dem Faserbrei Papier herzustellen, laufen in der Maschine ab. Am Ende der Maschine kommt das Papier fertig heraus und wird aufgerollt.
Die riesigen Rollen werden dann noch geteilt und für den Transport verpackt.
Das Papiermachen mit der Maschine geht sehr schnell! Eine Holzfaser braucht auf ihrem Weg durch die riesige Anlage nicht mehr als 12 Sekunden.

Für Umweltspezialisten

Fasern aus Holz
Holzfasern entstehen, wenn Holz ohne Rinde zerrieben wird. **Zellstoff** entsteht, wenn Holzstückchen mit Chemikalien zusammen gekocht werden.

Fasern aus Altpapier
Das Altpapier wird in Containern gesammelt. Manchmal ist auch anderer Abfall darin und verschmutzt alles. Dann sind die gesammelte Pappe und das Papier wertlos.
In der Altpapier-Sammelstelle werden die braunen Kartons und Verpackungsmaterialien extra sortiert. Daraus kann man nur noch Verpackungen herstellen. Zeitungen, Zeitschriften, Kataloge, Prospekte und Schreibpapier sind ein wichtiger Rohstoff für neues Papier.
In der Papierfabrik wird das Altpapier in Wasser aufgeweicht. Dieser Faserbrei wird gereinigt und erhitzt. Jetzt wird oft noch die Druckfarbe entfernt, damit man das Papier später wieder besser bedrucken oder beschreiben kann. Dieser Vorgang ist sehr aufwendig.
Es gibt Papiere, die ganz oder teilweise aus Altpapier bestehen. Solches Papier wird Recycling-Papier genannt.

Kann man immer wieder aus altem Papier neues machen?
Nein, denn beim Aufbereiten werden die einzelnen Fasern immer kürzer. Dann verbinden sie sich nicht mehr. Eine Faser kann man höchstens sechsmal wiederverwenden. Man braucht also immer wieder frische Fasern.

Umweltschutz
Für die Herstellung
von 1000 kg benötigt man

Recycling-Papier	bis zu 16 000 l Wasser
Papier aus Holzfasern	bis zu 30 000 l Wasser
Papier aus Zellstoff	bis zu 100 000 l Wasser

(nach Angaben des Umweltbundesamtes 1992)

Das Wasser, das für die Papierherstellung benutzt wird, muß in Kläranlagen gereinigt werden.
Für die Herstellung von Recycling-Papier wird weniger Energie benötigt als für alle anderen Papiersorten.

Selbst Papier herstellen

Das ist wichtig ...
Wenn ihr Papier herstellen wollt, braucht ihr einige Gefäße und Werkzeug. Ihr seht sie in den Zeichnungen. Am wichtigsten sind das Schöpfsieb und der Rahmen. Beide haben die gleiche Größe und werden aus Holzleisten gebaut. Für das Sieb wird ein Stück Fliegengitter mit Heftzwecken befestigt.
Beim Schöpfen wird der Rahmen auf das Sieb gelegt, damit der dünne Papierfaserbrei nicht herunterlaufen kann.

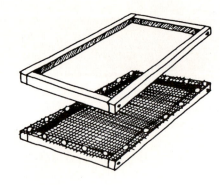

Nun kann es losgehen ...

❶ Zuerst reißt ihr Zeitungspapier klein, etwa so groß wie Briefmarken. Dann müßt ihr das Papier einweichen. Das Wasser muß die Schnitzel gut bedecken

❷ Am nächsten Tag wird es gemixt. Dann habt ihr Papierfaserbrei. Schüttet den Faserbrei in eine große Schüssel und gießt etwa die fünffache Menge Wasser dazu. Nun ist eine „Papiersuppe" entstanden, in der ihr die Fasern kaum noch fühlen könnt.

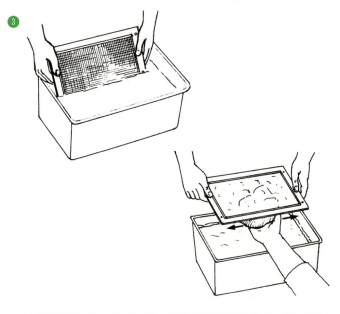

❸ Jetzt taucht ihr das Sieb mit dem Rahmen schräg in die Schüssel und holt es senkrecht wieder heraus. Laßt das Sieb gut abtropfen und putzt es von unten gut ab.

❹ Legt das Sieb auf eine Zeitung, nehmt den Rahmen ab, dreht das Sieb vorsichtig um und legt es auf eine Pappe, die gut Wasser aufsaugt. Keine Angst, der Papierbrei fällt nicht ab.
Trocknet das Sieb noch einmal mit einem Lappen ab und nehmt es weg.

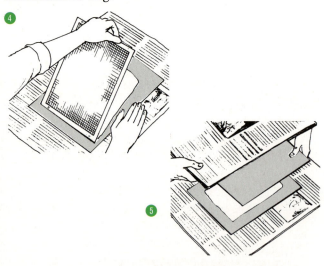

❺ Auf das nasse Papier legt ihr eine Pappe und eine Zeitung. Fahrt dann mit einer Rolle über das Papier. Zuletzt nehmt ihr die Zeitung und die Pappe weg und zieht das feuchte Papier vorsichtig von der unteren Pappe ab.
Legt es zum Trocknen auf den Tisch.

Figuren aus Papier

Aus einer dicken Plastikfolie wird eine Figur herausgeschnitten. Die Folie muß genau auf das Schöpfsieb passen.

Ein Umwelt-Quiz herstellen

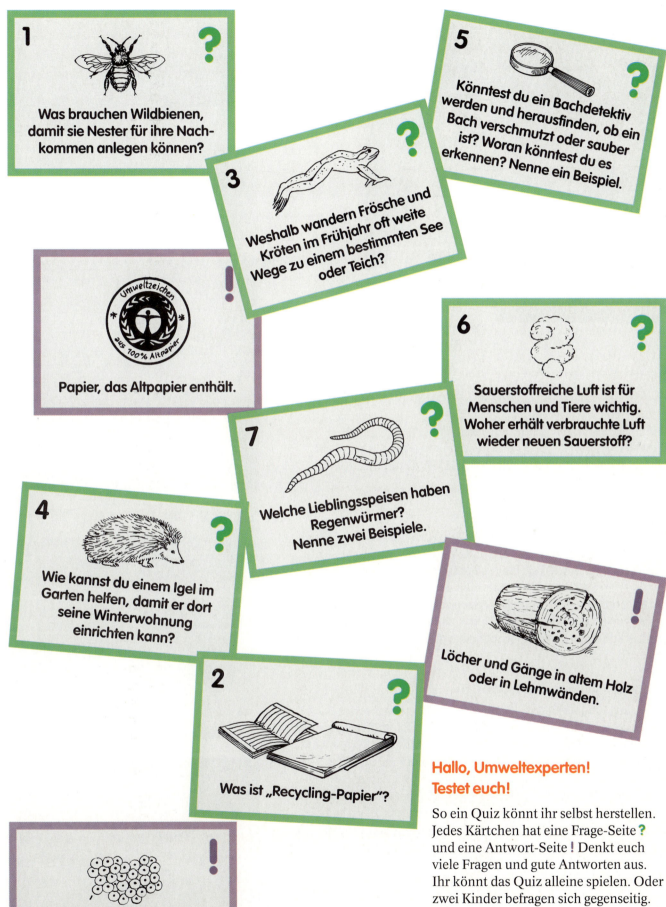

1 Was brauchen Wildbienen, damit sie Nester für ihre Nachkommen anlegen können?

5 Könntest du ein Bachdetektiv werden und herausfinden, ob ein Bach verschmutzt oder sauber ist? Woran könntest du es erkennen? Nenne ein Beispiel.

3 Weshalb wandern Frösche und Kröten im Frühjahr oft weite Wege zu einem bestimmten See oder Teich?

Papier, das Altpapier enthält.

6 Sauerstoffreiche Luft ist für Menschen und Tiere wichtig. Woher erhält verbrauchte Luft wieder neuen Sauerstoff?

7 Welche Lieblingsspeisen haben Regenwürmer? Nenne zwei Beispiele.

4 Wie kannst du einem Igel im Garten helfen, damit er dort seine Winterwohnung einrichten kann?

Löcher und Gänge in altem Holz oder in Lehmwänden.

2 Was ist „Recycling-Papier"?

Weil sie immer in dem Gewässer ihre Eier ablegen, in dem sie selbst geschlüpft sind.

Hallo, Umweltexperten! Testet euch!

So ein Quiz könnt ihr selbst herstellen. Jedes Kärtchen hat eine Frage-Seite **?** und eine Antwort-Seite **!** Denkt euch viele Fragen und gute Antworten aus. Ihr könnt das Quiz alleine spielen. Oder zwei Kinder befragen sich gegenseitig.

Auf dieser Seite gibt es zu drei Fragen Antworten. Wenn ihr die restlichen Fragen nicht beantworten könnt, findet ihr im Buch Informationen dazu.

So entsteht eine Wettervorhersage ...

„... Morgen ist es in Deutschland überwiegend sonnig. Die Temperaturen steigen auf über 26 Grad. Dabei ist es schwülwarm ..." ❶

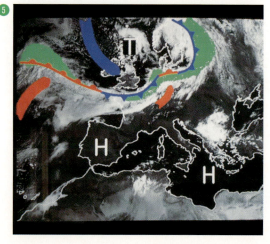

Jeden Tag hören wir Wettervorhersagen. Doch wer macht sie und vor allem, wie werden sie gemacht? Die folgende Reportage schildert, wie Wetternachrichten entstehen.

Bilder aus dem Weltraum

Frau Niedek und ihr Kollege Herr Walch arbeiten in einer Firma, die Wetterinformationen bearbeitet. Wenn sie morgens in ihr Büro kommen, finden sie viele neue Bilder vor. Diese Bilder werden von Satelliten aufgenommen, die im Weltraum über der Erde schweben. Alle dreißig Minuten sendet der Wettersatellit Bilder zur Erde. Läßt man die Bilder nacheinander ablaufen, dann erkennt man Veränderungen der Wolkenfelder. Am 20. Juni sah es so aus: ❷ und ❸.

Informationen von den Wetterstationen

Allein aus Wolkenbildern läßt sich keine Wettervorhersage ableiten. Auch die aktuellen Berichte der Wetterstationen am Boden müssen berücksichtigt werden. Die farbigen Punkte auf der Europakarte ❹ zeigen, wo es Wetterstationen gibt. Die Berichte der Wetterstationen geben auch Antworten auf solche Fragen wie: Welche Temperaturen werden gemessen? Wo regnet es gerade? Wo steigt der Luftdruck? Wie weht der Wind? Diese Informationen werden in die Satellitenbilder eingetragen ❺. Grün bedeutet Regen. Blau bedeutet kalte Luft, rot Warmluft. Die Pfeile zeigen die Luftströmung an.
Die Zahlen sind Temperaturangaben ❻.

Die Vorhersage

Aus vielen Einzelangaben und Beobachtungen entscheidet das Team der Meteorologen ❼ über die Vorhersage, wie sich das Wetter heute und in den nächsten Tagen entwickeln könnte. Dabei ist die Erfahrung jedes einzelnen gefragt.

... und eine Wetterkarte

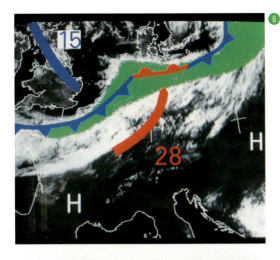

„... Morgen ist es in Deutschland überwiegend sonnig. Die Temperaturen steigen auf über 26 Grad. Dabei ist es schwülwarm ..."

Eine Wetterkarte für das Fernsehen

Wenn die Vorhersagekarte für das ZDF hergestellt wird, bearbeiten die Meteorologen die Karte dort im Sendegebäude. Sie beraten zum Beispiel, welches Wolkenbild sie nehmen. Eine flache Wolke oder eine aufgetürmte? Soll sie an dieser oder jener Stelle plaziert werden?

Noch vor wenigen Jahren wurde die Wetterkarte mit der Hand gezeichnet, heute arbeiten die Meteorologen nur noch am Computer. Dabei entsteht eine Art Trickfilm. Auch die Temperaturverteilung in Europa wird auf dem Computer dargestellt.

Bevor der Film fertig ist, telefoniert Herr Walch noch einmal mit dem Deutschen Wetterdienst in Offenbach und erkundigt sich, ob die Kollegen dort die Wetterentwicklung ähnlich einschätzen.

Sind alle Teile der Wetterkarte fertiggestellt, werden sie im Computer gespeichert und in der nächsten Nachrichtensendung ausgestrahlt.

Auf Sendung

Im Frühstücksfernsehen, Mittagsfernsehen, dem Länderjournal und in der Hauptnachrichtensendung des ZDF, der HEUTE-Sendung um 19.00 Uhr, werden die Wetternachrichten von einem Meteorologen präsentiert. Heute ist es Frau Niedeks Aufgabe.

Ihr Gesicht wird geschminkt, damit die Haut nicht zu sehr glänzt. Während der Aufnahme steht Frau Niedek vor einer blauen Wand, auf der nur schwache Umrisse der Wetterkarte zu erkennen sind und spricht ihren Text. Aber auf dem Bildschirm zu Hause kann man Frau Niedek zusammen mit der farbigen Wetterkarte sehen.

Wetternachrichten werden verkauft

Wetternachrichten werden an Fernsehstationen, Rundfunksender und Zeitungen verkauft.
Auf einem großen Plan ist festgehalten, wer zu welchem Zeitpunkt mit Wetternachrichten beliefert wird ⓫. Auch für Tageszeitungen werden Wetterkarten erstellt ⓬.
In einem kleinen Studio werden die Wettervorhersagen für Rundfunkanstalten live gesprochen ⓭. Doch die Wettervorhersage ist nicht für alle Sender gleich. Wie sie formuliert wird, hängt davon ab, für wen sie gedacht ist. So unterschiedlich wurde sie an diesem Tag formuliert:

SWF 4
Heute wird es schwülwarm, denn ein Tief über dem Golf von Genua treibt nicht nur sehr warme Luft über die Alpen nach Deutschland, sondern auch viele Wolken.

SWF 3
Heute ist Schwitzen angesagt und zwar einheitlich für alle SWF-3-Länder! Verursacher dieses Wetters ist ein Tief über dem Golf von Genua. Das hat so viel Power, daß es die schwülheiße Luft, die es entgegen dem Uhrzeigersinn um sich herumwirbelt, bis weit nach Deutschland hinein treibt.

Und so lautet der Wetterbericht des Deutschen Wetterdienstes in Offenbach:
Ein Tiefdruckgebiet über dem Golf von Genua lenkt subtropische Luftmassen nach Mitteleuropa und nach Deutschland.
Die Höchsttemperaturen liegen bei 26 bis 28 Grad.
Dabei ist es schwülwarm.

Was man tun könnte

1 Verschiedene Wetterberichte eines Tages sammeln oder aufnehmen und vergleichen.
2 Spezial-Wetterberichte finden und vorlesen:
 – Seewetterbericht,
 – Reisewetterbericht,
 – Pollenflug-Vorhersage,
 – Bio-Wetter …
 Ein Tip: auch über das Telefon kann man Wetterberichte hören.

Heiter bis wolkig

Wolken sind die Vorboten des kommenden Wetters.
Wer sich ein bißchen auskennt, kann vorhersagen, wie sich das Wetter entwickeln wird.

❶ **Ziehende Haufenwolken** segeln wie dicke Baumwollflocken am Himmel entlang, sie bringen keinen Regen. Solche Schönwetterwolken bilden sich an warmen Tagen, wenn erwärmte Luft von der Erde aufsteigt und sich in größeren Höhen abkühlt. Dabei entstehen winzige Tröpfchen. Wenn es abends kühler wird, lösen sich die Haufenwolken wieder auf.

❷ **Schäfchenwolken**, die am blauen Himmel aufziehen, künden häufig eine Wetteränderung an. Wenn sie noch näher zusammenrücken, dann ist Niederschlag zu erwarten.

❸ **Federwolken** ziehen in großer Höhe (6000-10000 m) auf, sie gehören zu einem Sturmfeld. Sie bestehen aus feinen Eiskristallen. Federwolken sind Vorboten dafür, daß es in 20 bis 40 Stunden regnen wird. Eine Bauernregel lautet: Wenn der Himmel gezupfter Wolle gleicht, das schöne Wetter dem Regen weicht.

❹ **Regenwolken** hängen tief über der Erde. Es wird nicht mehr lange dauern, bis die ersten Tropfen fallen. Doch der Regen wird nicht lange anhalten.

❺ **Quellwolken** ähneln großen Blumenkohlköpfen. Man kann zusehen, wie immer neue Quellungen und Türme aus der Wolke herauswachsen. Dabei steigt die feuchte Luft bis zu 5000 m hoch. Oben kühlt sie ab, so entstehen heftige Regen- oder Hagelschauer. Im Sommer fällt aus diesen Wolken der meiste Niederschlag.

❻ **Gewitterfront:** Der riesigen Quellwolke sieht man an, daß sie sehr wasserreich ist. An der Wolkensohle haben sich aus Wasserdampf bereits Tröpfchen gebildet, stellenweise regnet es dort schon. In solchen riesigen Wolken herrschen starke Auf- und Abwinde. Deshalb kommt es nicht nur zu Regen- und Hagelschauern, sondern auch zu Gewittern und Sturmböen.

Wetter beobachten

Mehrere Wochen lang hat die 4c das Wetter beobachtet.
Hier kann man sehen
– welche Geräte die Schüler benutzt haben
– welche Hilfsmittel wichtig waren
– wie ihre Wetterbeobachtung ausgefallen ist.

Beaufort-Windskala

Windstärke		Auswirkung
0	ruhig	Rauch steigt senkrecht auf.
1	leicht bewegt	Windrichtung ist durch den aufsteigenden Rauch abzulesen, nicht durch Wetterfahne.
2	leichte Brise	Man kann den Wind im Gesicht spüren; Blätter rascheln; Wetterfahnen bewegen sich.
3	schwache Brise	Eine Fahne weht im Wind; Blätter und kleine Zweige werden ständig in Bewegung gehalten.
4	mäßige Brise	Staub wird hochgewirbelt, und Papierschnipsel werden übers Land geweht; kleine Zweige sind in Bewegung.
5	frische Brise	Kleine Laubbäume biegen sich im Wind; auf den Gewässern im Inland bilden sich Wellenkronen.
6	starker Wind	Große Äste bewegen sich; Schwierigkeiten mit Regenschirmen.
7	heftiger Wind	Bäume sind in Bewegung; Gehen ist etwas beschwerlich.
8	stürmischer Wind	Zweige brechen von den Bäumen ab; es ist schwierig, sich vorwärts zu bewegen.
9	Sturm	Gelegentliche, leichte Zerstörungen; Dachziegel werden heruntergeweht.
10	schwerer Sturm	Beträchtliche Schäden an Gebäuden; Bäume werden entwurzelt.
11	orkanartiger Sturm	Solch ein Wind tritt glücklicherweise selten auf; er richtet überall Zerstörungen an.
12	Orkan	—

Was wir messen wollen und wie wir es notieren

Bewölkung	Die Bewölkung tragen wir mit folgenden Zeichen ein: ○ wolkenlos ◔ schwach bewölkt ◑ halb bewölkt ◕ fast bedeckt ● bedeckt
Temperatur	Die Temperatur lesen wir jeden Tag zur gleichen Zeit an einem Thermometer ab, das im Schatten hängt. Die Höhe der Temperatur wird eingezeichnet.
Windrichtung	Die Richtung des Windes bestimmen wir mit unserem Windfähnchen und dem Kompaß.
Niederschlag	Das Regenwasser fangen wir in einem Gefäß mit senkrechten Wänden und flachem Boden auf. Die Höhe des Wassers messen wir mit einem Zollstock.

So sah der Beobachtungsbogen nach 17 Tagen aus:

Temperatur gemessen um 11:00 Uhr

Bewölkung
Niederschlag
Windstärke
Sichtweite
Windrichtung

chtweite · Wie weit man an jedem einzelnen Tag sehen kann, bestimmen wir mit einer Sichttabelle, die wir selbst aufgestellt haben. Sie enthält fünf unterschiedlich weit entfernte Punkte, die man von der Schule aus sehen kann. Der nächste Punkt erhält den Buchstaben A, der weiteste den Buchstaben E.

Sichttabelle

Was können wir sehen?	Entfernung von der Schule	Wie ist die Sicht?
Pappel	0,5 km	A ☐
Hochhaus	1 km	B ☐☐
Kirchturm	2 km	C ☐☐☐
Autobahnbrücke	4 km	D ☐☐☐☐
Wasserturm	8 km	E ☐☐☐☐☐

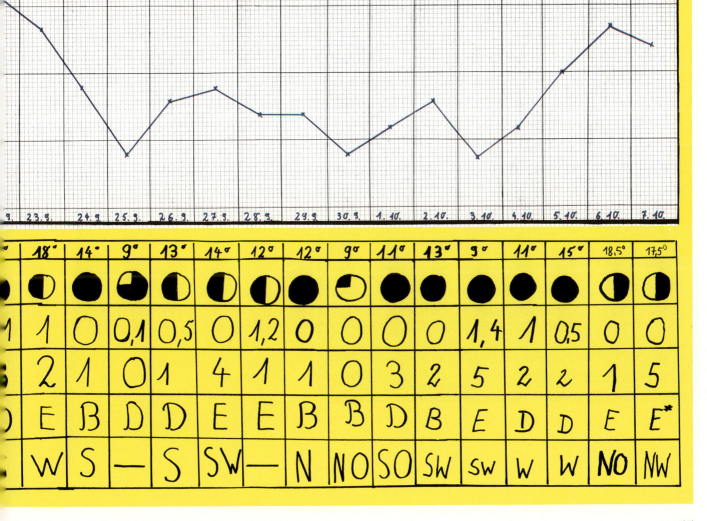

Wetter

Wasser verdunsten lassen

Versuch 1
Laß einen Tropfen Wasser in ein trockenes Glas fallen und verschließe es fest.
Stell es dann in die Sonne und beobachte es eine Zeitlang.

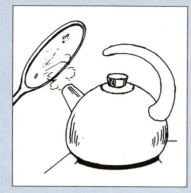

Versuch 2
Führe diesen Versuch mit Hilfe eines Erwachsenen durch.
Erhitze einen Kessel mit Wasser auf einer Kochplatte. Halte vorsichtig nach einiger Zeit einen Spiegel oder eine Glasplatte oder ein Blech davor.

Wetterregeln sammeln

Tieffliegende Schwalben künden Regen an.
Schwalben sind Insektenfresser, die im Flug jagen. Bei ruhigem, schönem Wetter fliegen die Insekten und damit auch die Schwalben hoch. Sobald aber Wind aufkommt und es kühler wird, fliegen die Insekten im Schutz der Bäume oder in Bodennähe, und die Schwalben folgen ihnen.

Bei Vollmond ändert sich das Wetter.
Diese Regel kann man häufig hören, doch sie stimmt nicht. Vollmond ist zur gleichen Zeit überall auf der Erde. In Köln und Hamburg ebenso wie in Rom. Aber nicht überall ändert sich das Wetter.

Heilig Dreikönig sonnig und still,
Winter vor Ostern nicht weichen will.

Einen Luftfeuchtigkeitsmesser bauen

Schneide eine Pappschachtel so zurecht wie auf der Abbildung. Klebe einen Kiefernzapfen auf und befestige an einer Schuppe eine Nadel. Über die Nadel kommt ein Trinkhalm. Dieser Zeiger bewegt sich je nach Wetterlage. Bei feuchter Luft schließen sich die Zapfen, bei trockener Luft öffnen sie sich. Beobachte den Zapfen über längere Zeit und zeichne verschiedene „Haltepunkte" des Zeigers ein.

Wetter-Geschichten und Wetter-Gedichte sammeln

Das Gewitter
von Josef Guggenmos

Hinter dem Schloßberg kroch es herauf:
Wolken – Wolken!
Wie graue Mäuse,
ein ganzes Gewusel.
Zuhauf jagten die Wolken gegen die Stadt.
Und wurden groß
und glichen Riesen
und Elefanten
und dicken, finsteren Ungeheuern,
wie sie noch niemand gesehen hat.
Gleich geht es los!
sagten im Kaufhaus Dronten
drei Tanten
und rannten heim, so schnell sie konnten.
Da fuhr ein Blitz
mit hellichtem Schein,
zickzack
blitzschnell
in einen Alleebaum hinein.
Und ein Donner schmetterte hinterdrein,
als würden dreißig Drachen
auf Kommando lachen,
um die Welt zu erschrecken.
Alle Katzen in der Stadt

Wetter-Bilder malen

Flaschengärten – Klima im Kleinen

Flaschengarten nennt man ein durchsichtiges Pflanzgefäß, das mit einem Deckel oder Stöpsel verschlossen wird. Wenn der Flaschengarten richtig eingerichtet ist, braucht man nicht zu gießen.

Und so richtet man einen Flaschengarten ein:

- in ein geeignetes Gefäß eine Schicht aus Kies und Holzkohle einfüllen, etwa 3 cm hoch;
- eine Lage aus Blumenerde in doppelter Höhe darüberdecken;
- die ausgewählten Pflanzen einsetzen und etwas angießen, auch der Boden soll etwas feucht sein.

Geeignete Pflanzen:
Grünlilie • Gliederkaktus • Efeu • Bogenhanf • verschiedene Farnarten

- Nun das Gefäß mit einer Glasplatte luftdicht abdecken.
- Der Flaschengarten sollte etwas schräg stehen.

Nach einiger Zeit müßten sich nun an der Innenseite kleine Tröpfchen bilden, das ist gut so.
Werden die Tropfen zu groß, dann muß die Abdeckung für einige Tage zum Austrocknen entfernt werden.
Bilden sich keine Tropfen, dann muß noch etwas Wasser hinzugefügt werden.
Ein Flaschengarten braucht über lange Zeit keine weitere Feuchtigkeit und keine Pflege. Gelegentlich müssen abgestorbene Blätter entfernt werden.

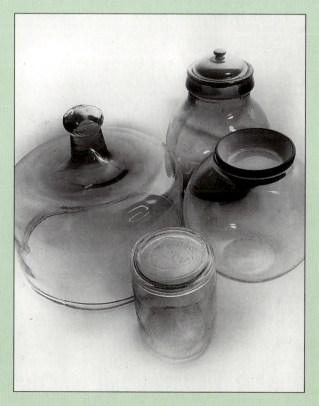

Wie Frösche leben

Wasserfrosch

Moorfrosch

Laubfrosch

Ihr Lebensraum sind Wiesen und Felder, Wälder und Gebüsche, Sümpfe, Moore, Teiche und Bäche. Viele Frösche leben fast das ganze Jahr über an Land, dort, wo sie feuchte Schlupfwinkel finden, denn ihre Haut darf nicht austrocknen.

Die Körpertemperatur der Frösche ist niedrig, und ihr Körper muß von außen aufgewärmt werden. Darum lieben alle Frösche die Wärme und nehmen gern ein Sonnenbad. So sitzen sie bei Sonnenschein oft stundenlang auf den Seerosenblättern, halten ihren Bauch feucht und lassen sich von oben „braten".

Munter und freßlustig werden die Frösche erst nach Sonnenuntergang. Dann werden alle Tiere, die klein sind und sich bewegen, von ihnen beobachtet und schnell gefangen: Wasserflöhe, kleine Krebse, Würmer, Schnecken, Tausendfüßler, Heuschrecken und Wasserspinnen, Blattläuse, Mückenlarven und Mücken, Fliegen, Nachtfalter und andere Insekten. Auch Frosch- und Fischlaich – so werden die Frosch- und Fischeier genannt – und sogar junge, kleine Frösche und junge Fische werden ihre Beute. Reglos dasitzende Tiere aber werden von ihnen gar nicht wahrgenommen. Frösche lauern auf ihre Beute. Mit ihren großen, kugeligen, beweglichen Augen spähen sie aufmerksam in die Runde und reagieren schnell, wenn sich etwas in ihrer Nähe bewegt.

Auf dem Land fängt der Frosch seine Nahrung mit seiner blitzschnell vorschießenden Zunge. Unter Wasser schnappt er mit dem Maul zu.

Schwimmen und tauchen – das können Frösche gut. Zwischen den Zehen ihrer Hinterbeine haben sie Schwimmhäute. Unter Wasser können sie die Nasenlöcher mit Klappen verschließen, damit kein Wasser in ihre Lungen kommt. Zwischendurch müssen sie aber zum Luftholen auftauchen.

Das Froschkonzert ist besonders zur Paarungszeit zu hören, wenn sich Weibchen und Männchen zusammenfinden. Auch bei Regen und feuchtwarmem Wetter quaken die Frösche laut und ausdauernd. Oft wollen sie mit den Rufen ihr Revier verteidigen. Viele Frösche haben Schallblasen an der Kehle, die die Töne laut klingen lassen. Sie können damit auch unter Wasser quaken, ohne ihr Maul zu öffnen.

Kröten und Unken leben ähnlich wie die Frösche. Die Kröten leben alle auf dem Land, die Unken leben nur im Wasser. Frösche, Unken und Kröten gehören zur Tiergruppe der Froschlurche. Froschlurche können recht alt werden. In Gefangenschaft gehaltene Frösche sind schon fünfzehn und zwanzig Jahre alt geworden. Kröten sogar vierzig Jahre. In der Natur leben sie nicht so lange, denn sie haben viele Feinde.

Kreuzkröte

Rotbauchunke

Wie sich Frösche vermehren

Frösche leben nicht in Familien zusammen. Im zeitigen Frühjahr, wenn die Sonne das Wasser in flachen Tümpeln und Teichen schon etwas erwärmt hat, versammeln sich die Frösche an ihrem Laichplatz. Auch dieses Grasfrosch-Weibchen ❶ ist auf dem Weg zum Teich, um Eier zu legen. Sein Bauch ist schon ganz dick von den vielen Eiern, die es im Wasser ablegen wird. Bis zu 4 000 Eier kann ein Weibchen auf einmal ablegen. Andere Frösche legen bis zu 10 000 Eier.

Befruchtung

Auch die Froschmännchen sind aus ihrem Winterschlaf erwacht und zum Teich gewandert. Durch ihr Quaken locken sie die Weibchen an. Sind die Froschweibchen am Teich angekommen, so springen sie ins Wasser und schwimmen zu einem Männchen. Das Männchen klettert auf den Rücken des Weibchens und hält es fest. ❷ Dann beginnt das Weibchen seine Eier in einem Laichballen abzulegen. Sobald der Laichballen an den Füßen des Männchens vorbeitreibt, besprüht das Männchen ihn mit seiner Samenflüssigkeit. Dadurch werden die Eier befruchtet.

Laichballen

Nach der Eiablage verläßt das Weibchen das Wasser, während das Männchen sich eine neue Partnerin sucht. Der Laichballen, den das Grasfrosch-Weibchen ablegt, ist anfangs nur etwa so groß wie eine Pflaume. Im Wasser quillt der Laich zu einem Klumpen auf. ❸ Jedes Weibchen legt meist nur einen Ballen. So kann man durch Nachzählen feststellen, wie viele Froschweibchen in der Nähe eines Gewässers leben. Die Laichballen unserer verschiedenen Froscharten unterscheiden sich kaum voneinander. Es ist deshalb schwer zu sagen, was für ein Frosch sich aus dem Froschlaich, den du siehst, entwickeln wird.
Da sich die verschiedenen Froscharten zu unterschiedlichen Zeiten paaren, kann der Zeitpunkt, zu dem du den Laich gefunden hast, eine Hilfe sein, um die Froschart zu bestimmen.

Froschart	Paarungszeit
Seefrosch	April und Mai
Wasserfrosch	Mai und Juni
Moorfrosch	Ende März bis April
Grasfrosch	Ende Februar bis März
Springfrosch	Ende März bis Ende April
Laubfrosch	Ende März bis Juni

Laichschnüre

Wenn du in einem Teich Laichschnüre ❹ siehst, so stammen sie nicht von einem Froschweibchen. Die Kröten legen ihre Eier in Laichschnüren ab, die das Weibchen zwischen den Wasserpflanzen ausspannt.

Wie sich ein Frosch entwickelt

❶

❷

Die Eier
Die kleinen dunklen Froscheier sind so groß wie ein Stecknadelkopf. ❶ Die helle Hülle um das Ei ist gallertartiger Schleim. Er riecht nicht gut, schmeckt schlecht und kann Bakterien töten. Daher ist das Ei im Schleim gut geschützt. Die Sonnenwärme kann durch den Schleim gut zum Ei durchdringen. Das dunkle Ei fängt die Wärme auf und speichert sie. Die Schleimhülle schützt das Ei vor schneller Abkühlung, daher ist das Froschei immer ein klein wenig wärmer als seine Umgebung. Es liegt im Schleim wie in einem kleinen Treibhaus. So können sich die Eier gut entwickeln. Im Ei kann man schon nach wenigen Tagen die Gestalt der Kaulquappe erkennen. ❷

Die ersten Tage der Kaulquappe
Wenn die Kaulquappe die Schleimhülle verläßt, sieht man rechts und links an ihrem Kopf büschelige kleine Anhängsel. ❸ Das sind die äußeren Kiemen. Mit ihnen atmet die Kaulquappe wie ein Fisch unter Wasser. Außerdem kann sie auch direkt durch die Haut Luft aufnehmen. Nun brauchen die Kaulquappen Wasserpflanzen, damit sie an ihnen festhaften können. Futter brauchen sie in den ersten Tagen nicht. Den Mund haben sie noch fest geschlossen. Aber bald werden sie die Algen von den Pflanzen abweiden.

Die Kaulquappe wächst
Die Kiemen werden bald schrumpfen und hinter einer Hautfalte verschwinden. Sie werden zu Innenkiemen.

❸

④

Die Kaulquappen werden groß und kräftig und haben immer Hunger. In der Natur ernähren sie sich von Algen und winzigen Wassertieren. In einem Aquarium kann man sie mit Fischfutter füttern.
Etwa acht Wochen nach dem Ausschlüpfen wachsen den Kaulquappen die Hinterbeine. ④
Weitere zwei Wochen später bekommen die Kaulquappen Vorderbeine, und der Schwanz schrumpft langsam.

Die jungen Frösche

Die jungen Frösche atmen nicht mehr mit Kiemen, sondern mit der Lunge. Das bedeutet, daß sie sich nur noch für kurze Zeit im Wasser aufhalten können. Sie klettern nun häufig aus dem Wasser heraus. Junge Frösche im Aquarium brauchen deshalb hohe Wasserpflanzen oder flach abfallende, große Steine, die gut aus dem Wasser herausragen. Auf ihnen können sie „an Land" klettern und Luft atmen. Im tiefen Wasser würden sie sonst ertrinken.
Spätestens wenn das erste junge, noch geschwänzte Fröschchen im Becken auf einem der Steine sitzt, muß man alle Tiere zu einem Teich zurückbringen. ⑤
Diesem Teich werden sie dann ihr ganzes Leben treu bleiben. Denn Frösche können sich gut an das Gewässer erinnern, aus dem sie als Jungfrösche herausgeklettert sind. Sie finden immer dahin zurück, wenn sie im Frühjahr ihre Eier ablegen wollen (vergleiche Seite 59 und Seite 65).

⑤ Tatsächliche Größe   10fache Vergrößerung

Für Spezialisten:
Frösche gehören zu den **Amphibien**. Dieser Name kommt aus dem Griechischen und bedeutet **doppellebig**, denn sie leben in ihrer Jugend im **Wasser** und können als erwachsene Tiere **auf dem Land** leben.
Man unterscheidet zwischen Froschlurchen und Schwanzlurchen.
Schwanzlurche behalten als erwachsene Tiere ihren langen Schwanz. Zu den Schwanzlurchen gehören die Salamander und Molche.
Froschlurche haben nur als Kaulquappen einen Schwanz. Er bildet sich später wieder zurück. Zu den Froschlurchen gehören Frösche, Kröten und Unken.
Aus einem Lexikon

Geschichten und Aberglaube

Die großen Augen der Erdkröte haben einen goldfarbenen Rand.

Die Wechselkröte ist leider sehr selten geworden.

Die Feinde der Gelbbauchunke werden sich diese Warnfärbung merken, wenn sie einmal Erfahrungen mit dem giftigen Drüsensaft der Unken machen.

Ein Feuersalamander

Kröten

Manche Menschen ekeln sich vor Kröten. Sie finden diese Tiere häßlich und haben Angst vor ihnen, weil sie glauben, daß Kröten giftig sind. Auch früher schon erzählte man sich von Kröten unheimliche Geschichten, und in den Märchen haben Kröten mit Hexen und Zauberern zu tun.

Die Angst vor diesen Tieren kommt sicher daher, daß man sie zu wenig kennt und so selten sieht. Kröten sind Dämmerungstiere und halten sich am Tag dort auf, wo es feucht und dunkel ist. Kröten sind für den Menschen nicht giftig. Sie verteidigen sich zwar bei Gefahr damit, daß sie aus ihren Hautdrüsen einen giftigen Saft ausscheiden, der ihre Feinde abschrecken soll. Für den Menschen aber kann dieser Saft nur unangenehm werden, wenn man ihn in die Augen oder in den Mund bekommt. Aber wer nimmt schon eine Kröte in den Mund?

Manche Leute glauben, daß man Warzen an den Händen bekommt, wenn man eine Kröte anfaßt. Auch das ist ein unsinniger Aberglaube.

Kröten sind für uns Menschen sehr nützlich. Sie vertilgen große Mengen von schädlichen Insekten. Früher kauften in Frankreich viele Gemüsebauern Kröten auf dem Markt und setzten sie auf ihren Feldern aus. Sie brauchten kein Insektengift zu spritzen; die Kröten sorgten dafür, daß ihre Gemüsepflanzen frei von Ungeziefer waren.

Unken

Der Ruf der Unken klingt aus dem Wasser ungefähr wie gedämpftes, entferntes Glockenläuten „Unk, unk". Deshalb wohl kann man in Erzählungen und Sagen lesen, daß Unken die Macht haben, Menschen ins Wasser und damit in den Tod zu locken. Das ist natürlich ein Märchen. Unken sind sehr scheue Tiere. Nur selten bekommt man sie zu sehen. Schon bei der geringsten Störung tauchen sie unter und verbergen sich im Schlamm. Wenn sie aber doch von einem Feind überrascht werden, werfen sie sich auf den Rücken und zeigen dem Feind die grell gefärbte Bauchseite als Warnung.

Kommt der Feind dann doch näher, sondern sie aus ihren Hautdrüsen eine weiße, scharf riechende Flüssigkeit ab. Jeder, der daran riecht, muß niesen und bekommt tränende Augen. Kein Fuchs oder Vogel, der schon einmal nähere Bekanntschaft mit Unken gemacht hat, will noch einmal etwas mit ihnen zu tun haben.

Feuersalamander

Auch vom Feuersalamander erzählten sich die Menschen früher, daß er giftig und gefährlich sei. Seinen Namen hat er wohl daher, weil die Menschen glaubten, der Feuersalamander könne jedes Feuer löschen; man brauche ihn nur hineinzuwerfen.

Zum Glück für die Tiere hat man sie meistens nicht finden können, wenn es irgendwo brannte, denn Feuersalamander leben in feuchten Bergwäldern an Bächen und Quellen. Sie verstecken sich am Tag und gehen erst in der Nacht auf Insekten-, Würmer- und Schneckenjagd. Nur bei Regenwetter kann man sie auch tagsüber sehen.

Auch Feuersalamander schützen sich vor ihren Feinden wie die Kröten und Unken mit einer giftigen Hautflüssigkeit. Für den Menschen kann dieser giftige Saft jedoch nicht gefährlich werden.

Besondere Frösche

Bei uns in Europa lebt eine Kröte, die besonders seltsam aussieht. Sie heißt **Geburtshelferkröte**. Wenn das Weibchen der Geburtshelferkröte die Eier abgelegt hat, wickelt sich das Männchen die Laichschnüre um seine Hinterbeine und trägt sie mit sich umher. Nach etwa 20 Tagen streift es die Eier im Tümpel ab. Dann schlüpfen die Kaulquappen sofort aus den Eihüllen.

Die buntesten Frösche leben in den tropischen Ländern. Dieses Bild zeigt den **Stummelfuß** aus Surinam in Südamerika. Weil er so bunt ist, wird er oft in Froschterrarien gehalten.

In Südamerika gibt es auch besonders giftige Arten. Der **Goldene** oder **Schreckliche Giftfrosch** lebt in Kolumbien. Er ist der giftigste Frosch der Welt. Die Indianer sammeln das Gift dieser Frösche und behandeln damit die Spitzen ihrer Blasrohrpfeile. Sie berichten, daß das Gift nach wenigen Sekunden tödlich wirkt. Damit ihnen das Gift nicht ausgeht, tragen die Indianer die lebenden Frösche in kleinen Bastkörbchen bei sich und können jederzeit neue Giftpfeile herstellen.

Auch das Gift des **Pfeilgiftfrosches** wird zum Bestreichen von Pfeilspitzen verwendet.

Frösche im Aquarium

Wenn ihr in der Klasse die Entwicklung vom Froschei zum Frosch beobachten wollt, müßt ihr die Bestimmungen des Artenschutzgesetzes beachten. Das Artenschutzgesetz soll verhindern, daß immer mehr Tier- und Pflanzenarten aussterben. **Frösche und Kröten** sind vom Aussterben bedroht und **stehen unter Naturschutz**. Von einigen Froscharten darf deswegen kein Laich entnommen werden. Und bei den übrigen Froscharten muß euer Lehrer einen Antrag an die Naturschutzbehörde stellen. In diesem Antrag muß erklärt werden, in welchem Gewässer die jungen Frösche später ausgesetzt werden sollen. Man darf auch nur eine kleine Anzahl von Froscheiern entnehmen. 20 Eier sind genug, auch damit sich die Tiere in einem Aquarium gut entwickeln können.

So könnt ihr das Aquarium einrichten

Ihr braucht:
– ein Becken
– Sand und Kies, 1 bis 2 große, flache Steine
– Wasserpflanzen wie Wasserpest oder Tausendblatt
– einen Eimer mit abgestandenem Leitungswasser

Das Becken soll hell stehen, aber nicht in der Sonne. Stellt es gleich an den richtigen Platz. Ein gefülltes Becken läßt sich nicht gut transportieren. Wascht Sand, Kies und Steine gründlich. Füllt dann den Sand ein und schüttet Kies darauf. Auch die Wasserpflanzen müssen abgespült werden, bevor ihr sie einpflanzt. Die Wurzeln der Wasserpflanzen müßt ihr dann mit den Steinen beschweren. Ein Stein soll so aus dem Wasser ragen, daß junge Frösche hinaufklettern können.
Legt ein Zeichenblatt ins Becken. Es verhindert, daß die Pflanzen hochgespült werden, wenn ihr das Wasser eingießt.

Zieht das Zeichenblatt nach dem Einfüllen langsam heraus. Nach einigen Tagen ist das Wasser klar geworden, und an den Wasserpflanzen haben sich zarte Algen angesiedelt. Dann könnt ihr den Froschlaich einsetzen. Einmal in der Woche müßt ihr einen Teil des Wassers mit einem kleinen Topf herausschöpfen und durch frisches Leitungswasser ergänzen.

So solltet ihr füttern:
Ausgeschlüpfte Kaulquappen brauchen in den ersten Tagen noch kein Futter. Erst wenn sie herumschwimmen, fressen sie feingeriebenes Fischfutter. Später sollten sie auch gefrostetes Fischfutter (das sind gefrorene Mückenlarven) oder kleine Hackfleischstückchen bekommen. Streut nur wenig Futter ins Becken. Kein Futter darf im Becken liegenbleiben. Faulendes Futter vergiftet das Wasser!

Rettung vor dem Straßentod

An feuchtwarmen Märztagen wollen Grasfrösche und Kröten ablaichen, also Eier legen.
Dazu wandern sie zu den Gewässern, in denen sie selbst geschlüpft sind. Tausende dieser Tiere sterben, wenn ihr Weg eine Straße kreuzt.

Deshalb sind Natur- und Umweltschutzgruppen (neben vielen freiwilligen Helfern) überall beschäftigt, Zäune aufzubauen, um damit die Tiere von der Straße fernzuhalten. Bestimmt hast Du in Deiner Nähe auch schon einmal einen kleinen Zaun entlang der Straße entdeckt und Dich gefragt, was es damit wohl auf sich haben könnte.
Des Rätsels Lösung ist einfach! Auf der Wanderung zum Laichgewässer, das auf der anderen Straßenseite liegt, können die Erdkröten nicht mehr auf die Straße kriechen. Sie kriechen am Zaun entlang und fallen in dort eingegrabene Eimer.

Dieses Krötenweibchen trägt auf seiner Wanderung zum Laichgewässer das Männchen mit sich. Der beiden größter Feind: das Auto.

Bei der Eimerkontrolle in der Nacht wichtig: Kleider mit Reflektoren. Denn damit werden die Tierfreunde von Autofahrern erkannt.

Da helfen alle zusammen: Naturschützer errichten einen Krötenzaun

Das könnt ihr tun:

- Fragt bei Naturschutzgruppen Eures Wohnortes (Telefonbuch!), ob Ihr bei der diesjährigen Krötenrettung mitmachen könnt.
- Wenn nicht, organisiert selbst eine solche Aktion. Das geht ohne erwachsene Helfer leider nicht!
- Baut an den betreffenden Stellen einen 50 cm hohen, senkrecht stehenden Zaun aus Plastikfolie (5 cm tief eingegraben). Alle paar Meter muß direkt am Zaun ein Plastikeimer so tief in die Erde eingegraben werden, daß der Rand bündig mit dem Erdboden ist.
- Der Eimer sollte aus Plastik sein, unten durchlöchert werden, damit Regenwasser ablaufen kann und kleine Säugetiere nicht ertrinken.
- Steckt auch einen Ast in jeden Eimer, so daß kleinere Säugetiere aus eigener Kraft herausklettern können.
- Jede Nacht und jeden Morgen müssen die Eimer kontrolliert werden. Die gefangenen Frösche und Kröten werden dann auf die andere Straßenseite gebracht. Setzt die Tiere mit den Augen in Richtung ihres Laichgewässers.
- Nach Abschluß der Aktion müssen Zaun und Eimer wieder entfernt, die Löcher zugegraben werden.

So wird in einem Klärwerk das verschmutzte Wasser gereinigt

① Klärwerkzufluß

Das Wasser, das die Menschen für die unterschiedlichsten Zwecke benutzen, wird nicht verbraucht. Es wird verschmutzt und kehrt als Abwasser wieder in den Wasserkreislauf zurück. Damit das stark und oft gefährlich verschmutzte Wasser keine Schäden anrichten kann, muß es gereinigt werden.

Der Rechen
Das verschmutzte Wasser aus Häusern und Fabriken fließt durch Leitungen und Kanäle in das Klärwerk. ① Zuerst strömt das Wasser durch den Rechen ②. Hier werden die groben Schmutzteile festgehalten. Eine Maschine streift in kurzen Zeitabständen den angeschwemmten Schmutz von dem Rechen ③ und befördert ihn in einen Container. ④

② Rechen

④ Container mit grobem Schmutz

③ Reinigung des Rechens

Der Fett- und Sandfang
Hinter dem Rechen ist der Fett- und Sandfang ❺ angeordnet. Von oben sieht er wie ein großes, rechteckiges Becken aus.
Die Außenwände laufen nach unten schräg zusammen, so daß der Beckenboden nur aus einer schmalen Rinne besteht. Das Becken ist hier 3,5 m tief. Die Mauer in der Mitte reicht nur 50 cm in das Wasser. Darunter befindet sich ein durchlässiger Holzzaun.

Von unten wird Luft in das Becken geblasen. Das Wasser gerät in kreisende Bewegungen und treibt die leichten Schmutzteilchen (Fett) nach oben. Durch den Holzzaun unter der Wasseroberfläche gelangen zwar Wasser, Fett und Schlamm auf die rechte Beckenseite, aber die Wirbelbewegung des Wassers wird nicht übertragen. Im ruhigen Wasser sammeln sich die leichten Schmutzteilchen an der Oberfläche. Sie werden dann in eine Ablaufrinne geschoben. Die schweren Schmutzteilchen (Sand) sinken nach unten, rutschen über die schrägen Wände in die Bodenrinne und werden durch Rohre abgesaugt.

❺ Fett- und Sandfang

Das Belebungsbecken
Das Wasser ist jetzt von sichtbaren Schmutzteilchen fast gereinigt. Nun müssen noch die gelösten Schmutzstoffe entfernt werden.
Das Wasser fließt von unten in das Belebungsbecken ❻. Hier werden Kleinlebewesen (zum Beispiel Bakterien) zugesetzt und das Wasser kräftig mit Luft verquirlt. Die Bakterien ernähren sich vom Schmutz im Wasser.
Da sie auch genügend Luft bekommen, vermehren sie sich rasch. Die Bakterien nehmen die Schmutzstoffe auf. Aus Schmutz und Bakterien entstehen braune Flocken.

❻ Belebungsbecken

❼ Nachklärbecken

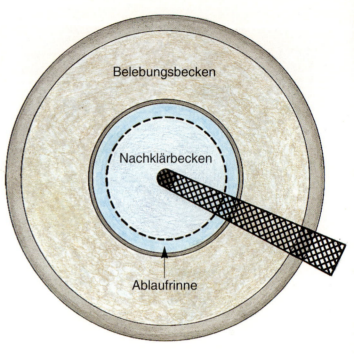

Das Nachklärbecken

Das Wasser mit den Flocken gelangt in das Nachklärbecken ❼ und bewegt sich sehr langsam von der Mitte zum Beckenrand. Die Flocken sinken in dem ruhigen Wasser auf den Boden und bilden eine Schlammschicht. Die Schlammschicht wird von dem Beckenboden abgepumpt.
Das gereinigte Wasser fließt durch die Ablaufrinne ❽ in den Fluß. Es sieht klar aus, aber es sind noch Verunreinigungen darin, die auch im Klärwerk nicht ganz beseitigt werden können.

Der Klärschlamm wird abtransportiert ❾. Er muß bearbeitet und überprüft werden. Wenn er keine Schadstoffe enthält, kann der Schlamm in der Landwirtschaft als Dünger verwendet werden.

❽ Ablaufrinne am Nachklärbecken

❾ Abtransport des Schlammes

Bach

Wasser untersuchen

Korken

Was du wahrnehmen und messen kannst:

💧 Wassertrübung 💧 Fließgeschwindigkeit
💧 Bodensatz 💧 Wasserfärbung 💧 Geruch

Erkundungsbogen:
Hallo, Bach, wie geht's?

1. Wie sieht das Wasser aus? (Ist es durchsichtig und klar, schlammig, verfärbt, grün …?)
2. Wie sieht das Bachbett aus? (Fließt das Wasser frei, ist das Bachbett betoniert, ist es zugewuchert, fließt der Bach durch eine Röhre?)
3. Wie sieht das Ufer aus? (Ist es steinig, bewachsen, betoniert?)
4. Welche Pflanzen wachsen am Ufer?
5. Welche Pflanzen wachsen im Bach?
6. Gibt es Einleitungen? Wie sieht der Bach davor und dahinter aus?
7. Welche Tiere gibt es im Bach?

- Fragt nach Informationen über das Leben am und in Bächen bei einer Geschäftsstelle des BUND (Bund für Umwelt und Naturschutz Deutschland).
- Bilder von Bächen sammeln und ein Bachposter kleben.
- Ein Bachbild in der Natur zeichnen.

Ein Zaubertrick?

Eine Glasscheibe oder einen Spiegel reibst du dünn mit Fett oder Öl ein (zum Beispiel Salatöl oder Kugellagerfett, nicht so geeignet sind Butter oder Hautcreme). Halte sie nun schräg unter den dünnen Strahl eines Wasserhahns.

Wasserqualität

Wenn ihr wissen wollt, wie sauber das Wasser eines Baches ist, könnt ihr die kleinen Tiere betrachten, die darin leben. Und das ist gar nicht so einfach, denn sie sind meist unscheinbar braun-grau gefärbt und leben versteckt unter Steinen oder im Schlamm. Aber mit einigen Tricks kommt ihr ihnen auf die Spur!
– Wenn der Bach ein sandiges oder schlammiges Bett hat, holt ihr mit einem feinen Sieb etwas von dem Schlamm heraus, spült ihn ab und sammelt die Tiere in einer flachen, hellen Schale (oder einer Frisbeescheibe).
– Auch Pflanzen oder Äste, die im Wasser liegen, kann man auf ihre kleinen Bewohner hin untersuchen. Dazu nimmt man die Äste heraus und spült sie über dem Sieb ab.

Diese Tiere können nur in Gewässern mit sauberem Wasser leben

Eintagsfliegenlarve bis 2,5 cm groß

Libellenlarve bis 3 cm groß

Bachflohkrebs bis 2 cm groß

69

Kinder mit dem gelben Stern

Ein Bild von Hana Grünfeld (geboren am 20. 5. 1935), gemalt in Theresienstadt

Im 4. Schuljahr haben wir eine Ausstellung von Kinderzeichnungen besucht, die von jüdischen Kindern im Lager Theresienstadt gemalt wurden. Weil wir mehr von diesen Kindern erfahren wollten, haben wir Frau Gerty R. gebeten, uns zu erzählen, was sie damals in dieser schlimmen Zeit der Judenverfolgung erlebt hat.

Frau R. kam zu uns und berichtete von ihrer Kindheit und der Zeit, in der sie in Theresienstadt gelebt hat. Zwischendurch hat sie auch unsere Fragen beantwortet. Es wurde ein langer Bericht, den wir euch nur verkürzt aufschreiben konnten.

Nina, Farsin, Cora, Yves und Milena aus der Klasse 4b.

Als ich klein war

Als ich klein war, bin ich immer nur mit meinen Eltern zusammengewesen. Ich hatte keine Geschwister. Mit drei Jahren kam ich dann in den Kindergarten, denn zu Hause hätte ich mich gelangweilt. Ich hatte einige Freundinnen und auch eine besonders gute Freundin. Wenn die dann mit einem anderen Kind gespielt hat, war ich sehr eifersüchtig. So etwas kennt ihr sicher auch. Zu dieser Zeit bekam ich ein schönes Dreirad geschenkt, auf das ich besonders stolz war. Das Foto zeigt euch auch, wie ich damals ausgesehen habe. Ich hatte immer eine große Schleife im Haar. Die haben die Mädchen früher so getragen.

Mit meinen Freundinnen kam ich dann in die Grundschule. Damals hat man sie Volksschule genannt. An den Nachmittagen gingen wir oft zum Turnverein oder zum Eislaufen. Meine Eltern haben mich auch in den „Englischen Kindergarten" geschickt. Das war ein Kindergarten für Grundschulkinder. Wir haben dort gespielt und dabei Englisch gelernt.

In der Stadt Brünn

Die Stadt, in der ich lebte, hieß Brünn, auf Tschechisch Brno. Es war eine zweisprachige Stadt. Dort lebten Tschechen und Deutsche. Nach der Grundschulzeit kam ich auf ein deutsches Gymnasium, weil meine Eltern nicht so gut Tschechisch konnten. Zwei Jahre bin ich auf diese Schule gegangen. Ich habe gerne dort gelernt, und gemeinsam mit meinen Freundinnen haben wir auch eine Menge Unsinn gemacht.

Doch dann kam das Jahr 1939. Das Land, in dem die Stadt Brünn liegt, hieß früher Tschechoslowakei. Heute sind es zwei Länder: Tschechien und Slowakei. Damals hat die Hitlerregierung das deutsche Militär in die Tschechoslowakei einmarschieren lassen, und das veränderte unser Leben.

Das Leben verändert sich

Für mich fing es damit an, daß ich nicht mehr in die deutsche Schule gehen durfte, weil ich Jüdin war. Vorher war mir und den anderen nie aufgefallen, daß ich etwas anderes war als die anderen Kinder. Ich war doch genau so wie sie? Aber von diesem Zeitpunkt an erlebte ich, daß alle meine Freundinnen nicht mehr mit mir spielten oder redeten. Sie kannten mich ganz einfach nicht mehr. Die Erwachsenen hatten zu ihnen gesagt: Mit Juden dürft ihr nicht spielen!

Ich konnte das alles damals nicht begreifen. Was hatte ich getan, daß niemand mehr mit mir spielte, auch meine beste Freundin nicht? – Meine Eltern erklärten mir, daß Hitler in seinen Reden gesagt hatte, daß die Juden eine fremde Rasse wären. Er behauptete, daß sie nicht so viel wert wären wie andere Menschen und daß er sie nicht mehr im deutschen Volk dulden wolle.

Ein Jahr durfte ich noch in die tschechische Schule gehen, dann wurde mir auch das verboten. Ich war damals 14 Jahre alt.

Mit meinem Vater in Brünn

Vorschriften und Verbote
Nun gab es nach und nach immer mehr Vorschriften und Verbote für uns. Zum Beispiel mußten wir eines Tages allen Schmuck und unser Radio abgeben. Bald darauf mußten wir unsere Fahrräder und Skier abgeben und durften auch nicht mehr mit dem Zug fahren. Damals sagten wir uns noch: Das werden wir aushalten. Man kann ohne Radio und Fahrräder leben, und in den Urlaub können wir ja sowieso nicht fahren. Schlimmer war es schon, daß wir eines Tages in keinen Park mehr gehen durften, auch nicht ins Schwimmbad oder ins Museum, ins Kino oder in eine Eisdiele. Meine Mutter ging oft mit mir auf den jüdischen Friedhof, weil das die einzige Grünanlage war, die für uns nicht verboten war.
Mit der Ernährung war es für uns auch sehr schwierig geworden. Alle Menschen bekamen damals im Krieg Lebensmittelkarten. Auf diesen Karten stand zum Beispiel drauf, wieviel Nudeln, Fett oder Zucker man sich in einer Woche kaufen durfte. Wir jüdischen Menschen bekamen Lebensmittelkarten, mit denen wir viel weniger einkaufen durften als die anderen Leute.

Der gelbe Stern
Dann gab es auch die Vorschrift mit dem gelben Stern! Jeder Jude, ob Kind oder Erwachsener, mußte auf seiner Kleidung immer einen gelben Stern tragen, auf dem das Wort „Jude" stand. Der Stern war aus Stoff und mußte an die Kleidung genäht werden. Oft hatte ich Angst, meinen Mantel auszuziehen, denn ich fürchtete, daß auf dem Kleid, das ich anhatte, vielleicht gerade kein Stern aufgeheftet war. Das war bei schwerer Strafe verboten! Und dann kam die Nachricht, daß wir unsere Wohnung verlassen und mit mehreren Familien zusammen in eine andere Wohnung umziehen mußten. Wir durften nur wenige Sachen mitnehmen, denn wir drei wohnten von da an nur in einem kleinen Zimmer.

Ausreise nach England?
Inzwischen ging ich wieder in eine Schule. Die jüdische Gemeinde hatte eine Schule eingerichtet, in der jüdische Kinder etwas lernen durften, was sie vielleicht später einmal im Ausland als Beruf ausüben konnten, denn viele Juden hofften sehr, ins Ausland ausreisen zu können. – Ich lernte in dieser Schule den Beruf einer Kinderkrankenschwester. Das hat mir sehr viel Freude gemacht.
Damals hatte sich England bereit erklärt, eine bestimmte Anzahl jüdischer Kinder aufzunehmen, um sie vor der Verfolgung im Nazi-Deutschland zu retten. Meine Eltern hatten geplant, mich nach England zu schicken, obwohl es ihnen sehr schwer fiel, mich alleine reisen zu lassen. Meine Koffer waren schon gepackt, denn am Abend sollte ich abreisen. Doch am Nachmittag kam ein Telegramm, in dem stand, daß meine Ausreise nicht bewilligt wurde.

Transport nach Theresienstadt
Kurz darauf kam die schriftliche Aufforderung, daß unsere Familie sich mit etwas Gepäck, zwei Koffern pro Person, in einer freigeräumten Schule einfinden sollte, da wir für einen Transport nach Theresienstadt vorgesehen wären. – In großer Angst packten wir in dieser Nacht unsere Koffer.
Vor der Abfahrt bekam jeder von uns eine Transportnummer. Von da an wurden wir nicht mehr mit dem Namen aufgerufen, sondern nur noch mit der Nummer. – Das war das Ende meiner Jugendzeit. Ich bin damals gerade 16 Jahre alt geworden. –
Als wir nach langer Fahrt im Zug mit vielen anderen jüdischen Menschen auf dem fremden Bahnhof ankamen, war es schon Abend. Wir mußten in Fünferreihen antreten und gingen dann mit unserem Gepäck auf der Landstraße in die Dunkelheit hinein.

Ein Bild von Jifi Beutler (9. 3. 1932 – 18. 5. 1944), gemalt in Theresienstadt

In Theresienstadt

Theresienstadt liegt nördlich von Prag. Es war vor 1941 eine tschechische Garnisonstadt mit vielen Kasernen für die Soldaten und mit Häusern, in denen die Bevölkerung wohnte. Die Gebäude waren düstere alte Kasernen und Wohnblocks. Die ganze Stadt war von Festungsmauern und Gräben umschlossen.
Als wir hinkamen, wohnten keine Soldaten mehr in den Kasernen, und auch die Menschen aus den anderen Häusern waren umgesiedelt worden. Die Nazi-Regierung hatte diese Stadt als großes Lager für Juden freiräumen lassen. „Konzentrationslager" nannte man zu dieser Zeit solche Orte, in denen Menschen eingesperrt wurden, die nicht mit der deutschen Bevölkerung zusammenleben sollten. Die Nazis wollten Theresienstadt aber nicht „Lager" nennen, sondern „Ghetto". Das klang viel harmloser, denn es gab früher Zeiten, in denen die Juden zusammen in einem Stadtteil wohnen mußten, und den nannte man „das Ghetto". Die Welt draußen sollte glauben, daß Theresienstadt einfach ein Ort sei, in dem Juden zusammenwohnen, ohne daß etwas Schlimmes dort passiert. Wir aber wurden in diese Stadt eingesperrt und hatten keinen Kontakt mehr zur Außenwelt.

Trennung der Familie

Gleich als wir ankamen, wurde ich von meinen Eltern getrennt. Ich mußte mit anderen Mädchen in einem Haus wohnen, meine Mutter mit anderen Frauen in einem anderen Haus, und mein Vater kam in die Männerkaserne. Alle Familien wurden auseinandergerissen.
Die Kinder durften nicht mehr bei ihren Eltern bleiben. Die Mädchen wohnten in einem Haus zusammen, die Jungen in einem anderen, und die Kleinkinder und die Säuglinge kamen wieder in andere Häuser.

Im Kinderhaus

Zum Glück gab es in den Kinderhäusern freundliche jüdische Menschen, die sich als Betreuer um die Kinder kümmerten: jüdische Lehrerinnen und Lehrer, Kindergärtnerinnen oder Kinderkrankenschwestern, die auch nach Theresienstadt gebracht worden waren. Die Schlafräume, in denen wir auch wohnen mußten, waren große Zimmer, in denen Stockbetten standen, oft drei Betten übereinander. In unserem Raum wohnten 20 bis 25 Mädchen zusammen. Auf den Betten lagen Strohsäcke als Matratzen, und unter den dünnen Decken haben wir oft gefroren.
Von dem Essen, das wir bekamen, sind wir niemals satt geworden. Zum Mittag gab es nur eine dünne Suppe und Kartoffeln, und abends gab es trockenes Brot. Nur am Sonntag gab es abends noch etwas Margarine und einen Teelöffel Marmelade. Das Essen wurde in einem anderen Haus gekocht, und jeder mußte es sich von dort abholen. Ich erinnere mich noch, daß die Brote in einem Wagen von der Lagerbäckerei geholt wurden, in dem sonst auch die Kranken und die Toten transportiert wurden, denn es gab keine anderen Wagen.
Für die Kinder war es schlimm, daß sie von ihren Eltern und Geschwistern getrennt waren, aber auch, daß es hier kein Spielzeug und keine Bücher gab außer den wenigen Sachen, die einige Kinder mitgebracht hatten. Aber die jüdischen Betreuer gaben sich viele Mühe, mit den Kindern zu spielen, zu singen und zu zeichnen, auch wenn kaum Material dafür da war.
Es gab so viele Verbote, und wir wurden von den SS-Leuten kontrolliert und manchmal auch geschlagen und getreten. Auch der Schulunterricht für die jüdischen Kinder war verboten. Aber heimlich wurde den Kindern von den jüdischen Lehrern doch Unterricht gegeben. Wenn eine SS-Streife kam, wurde alles schnell weggeräumt.

Arbeit

Jeder Erwachsene wurde zu einer Arbeit eingeteilt. Meine Mutter mußte in der Küche arbeiten und die schweren Kessel tragen. Jeden Morgen mußte sie um 4 Uhr aufstehen. – Mein Vater mußte bei den Beerdigungen arbeiten. Es starben ja damals so sehr viele Leute im Lager. Später mußte er als Pfleger bei den Geisteskranken arbeiten, die ohne eine richtige ärztliche Behandlung in einer dunklen Baracke zusammengepfercht hausen mußten. – Ich arbeitete auf der Kinder-Krankenstation. Wir haben versucht, gut für die kranken Kinder zu sorgen. Aber wir hatten nur wenige Medikamente, und die Kinder waren alle sehr schwach, weil sie so schlecht ernährt waren und auch nie Obst oder Salat bekamen. Leider mußte ich erleben, daß viele Kinder starben. Ich war manchmal sehr traurig, aber dann haben mir die anderen Mädchen, mit denen ich zusammenwohnte, wieder Mut gemacht. Wir haben in unserem Schlafsaal auch oft gelacht und gesungen.

Post nach „draußen"

Es war uns nicht erlaubt, Briefe an Angehörige oder Bekannte „draußen" zu schreiben. Eine Zeitlang durften wir Postkarten schreiben. Es mußte draufstehen, daß es uns gut geht, und es durften nicht mehr als 30 Wörter sein. Das wurde kontrolliert. Aber bald wurden auch die Postkarten verboten.

Die Transporte

Und dann waren da die Transporte! Schon das Wort „Transport" jagte jedem von uns Angst ein, denn es bedeutete, daß eine Gruppe von etwa 1000 oder mehr Menschen in ein anderes Lager transportiert wurde, meistens nach Auschwitz. Und in Auschwitz durften nur die Menschen überleben, die das Glück hatten, noch richtig schwer arbeiten zu können. Alle anderen wurden getötet, und darunter waren besonders viele Kinder und alte Leute.

Film und Wirklichkeit

Im Ausland sollten die Menschen von den schrecklichen Dingen, die da in den Lagern passierten, nichts erfahren. Und um sie zu täuschen, sollte in Theresienstadt ein Film gedreht werden. Vorher wurden in Eile die Häuser gestrichen, auf freien Plätzen Blumen gepflanzt und Bänke aufgestellt. Sogar ein richtiger Kinderspielplatz wurde gebaut. Kleine Läden wurden eingerichtet, in denen Kuchen, Wurst, Obst und andere gute Sachen lagen, die die Menschen dort noch nie gesehen hatten. Am Tag, an dem der Film gedreht wurde, sollten alle Leute ihre besten Kleider anziehen und mußten fröhliche Gesichter machen. Vertreter des Internationalen Roten Kreuzes wurden als Beobachter eingeladen. Am Tag darauf wurde alles wieder weggeräumt, alles war wieder wie vorher, und viele Menschen mußten „auf den Transport".

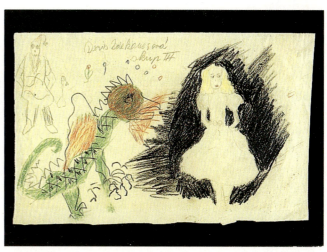

Ein Bild von Doris Zdehanerova 15. 7. 1932 – 16. 10. 1944, gemalt in Theresienstadt

Das Ende

Ich war zu dieser Zeit, in der der Film gedreht wurde, nicht mehr in Theresienstadt. Ich wurde schon vorher zusammen mit meinen Eltern nach Auschwitz transportiert. Dort bekam ich auch die Nummer auf meinen Unterarm tätowiert. Sie ist noch heute zu sehen. – Von der schrecklichen Zeit in Auschwitz und in den anderen Lagern möchte ich euch nicht erzählen. Ich habe auch meinen Enkelkindern noch nie davon erzählt.
Nach dreieinhalb furchtbaren Jahren in verschiedenen Kozentrationslagern wurde ich mit meiner Mutter in Bergen-Belsen von englischen Soldaten befreit, als der Krieg zu Ende ging. Es war ein Wunder, daß meine Mutter mit mir überlebt hat.
Erst später haben wir erfahren, daß mein Vater in einem anderen Konzentrationslager umgekommen war.

Die Judenverfolgung in der Nazi-Zeit

Adolf Hitler war Mitbegründer einer Partei, der NSDAP. Die Abkürzung bedeutet Nationalsozialistische Deutsche Arbeiterpartei. Viele Menschen wählten diese Partei.
So wurde Hitler am 30. Januar 1933 Kanzler des Deutschen Reiches. Diese Stellung benutzte er, um sich uneingeschränkte Macht zu verschaffen. Die Parteimitglieder, die Nationalsozialisten – davon leitete sich die Abkürzung Nazis ab – folgten ihrem „Führer" Hitler und der Partei in blindem Gehorsam. Es gelang ihnen, dem deutschen Volk ihren Willen aufzuzwingen. Das bedeutete, die Hitler-Herrschaft war eine Diktatur.
Zum Schutz des Führers und der Partei wurde die SS, das heißt Schutzstaffel, eingerichtet. Die SS war eine Organisation, die alle Menschen überwachte und bespitzelte und auf Befehl unschuldige Menschen folterte und ermordete.
Hitler und seine Partei behaupteten, die jüdische Bevölkerung sei ein Unglück für Deutschland. Dieses böse Vorurteil brachte unvorstellbares Leid über die jüdischen Menschen. Mit blindem Haß wurden die jüdischen Mitbürger verfolgt, beraubt und in sogenannte Konzentrationslager transportiert.
1942 begann das schlimmste Verbrechen der deutschen Geschichte. Viele, sehr viele jüdische Kinder, Frauen und Männer wurden in Konzentrationslagern ermordet. Insgesamt starben während der Hitler-Diktatur über 5 Millionen jüdischer Menschen.

Elektrischer Strom

Ein Elektro-Quiz bauen

Rückseite des Spiels

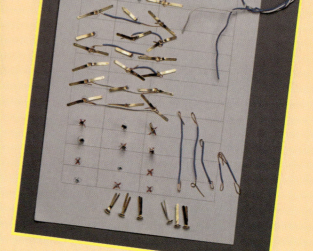

Für ein Testgerät mit Rundbatterien gibt es eine Bauanleitung im Arbeitsheft.

Was man braucht:
– 2 dünne Pappen (DIN A4)
– festes Klebeband
– einen größeren Nagel oder eine Lochzange, um Löcher in die Pappe zu machen
– 22 Versandbeutel-Verschlüsse
– Klingeldraht
– Schere
– Fragebogen (Arbeitsblatt oder selbst hergestellt).

Das Zitter-Spiel herstellen

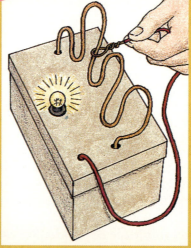

... für Leute mit starken Nerven

Wer kann die Drahtschlinge an der Hindernisstrecke entlangführen, ohne sie zu brühren.
<u>Achtung:</u> Jede Berührung wird durch das Lämpchen angezeigt.

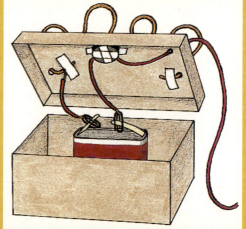

Was man braucht:

– ein Glühlämpchen mit passender Fassung
– eine Batterie
– dicken Kupferdraht ohne Isolierung, etwa 60 cm lang
– eine Pappschachtel
– festes Klebeband.

Einen Morse-Apparat bauen

Mit Lichtsignalen können Botschaften ausgetauscht werden.
Man sagt auch, die Lichtsignale werden gemorst.
Woher dieser Begriff kommt, kannst du auf der Seite 76 nachlesen.
Ein Morse-Alphabet findest du im Arbeitsheft.

Bauanleitung

- Schraube die Lochblechstreifen auf dem Brett so an, daß die Batterie genau dazwischen paßt.
- Befestige mit einer weiteren Schraube den Metallstreifen.
- Biege den Metallstreifen so, wie du ihn auf der Zeichnung siehst.
- Drücke das freie Ende des Metallstreifens herunter. Markiere die Stelle, an der es das Holz berührt. Dort wird noch eine Schraube eingedreht.
- Verbinde zum Schluß alle Bauteile mit Leitungsdraht, so wie auf der Zeichnung.

Was man braucht:
- Schraubendreher
- Zange oder Messer zum Entfernen der Isolierung am Klingeldraht.

Leuchttürme mit einem Morse-Schalter ausrüsten.

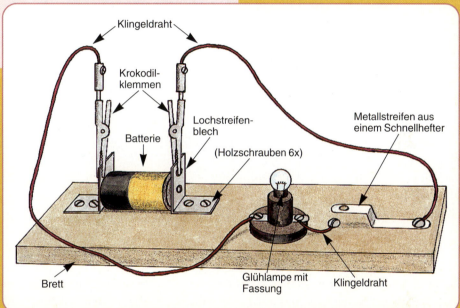

In Büchern über elektrischen Strom nachlesen:
Wie wird Strom erzeugt?
Was hat das mit Umweltschutz zu tun?

Geht dir ein Licht auf?

- Elektrischer Strom kommt nicht einfach aus der Steckdose. Er wird in Elektrizitätswerken mit großen Maschinen, den Generatoren, erzeugt. Ein Generator funktioniert wie ein riesiger Fahrrad-Dynamo.
- Ein Fahrrad-Dynamo kann Strom erzeugen, wenn sein Laufrad gedreht wird. Ebenso ist

Den Verschwendern auf der Spur!

- Laß dir zu Hause das Zählwerk zeigen, das anzeigt, wieviel Strom verbraucht wird.
- Finde heraus, welche Geräte viel Strom verbrauchen: das Zählwerk beobachten, wenn gerade die Waschmaschine läuft, oder nur das Radio, nur eine Lampe eingeschaltet ist, alle Lampen leuchten ...
- Achte mehrmals am Tag darauf, welche Lampen oder Geräte eingeschaltet sind, obwohl sie nicht gebraucht werden.

Geschichten aus der Geschichte der Elektrizität

A Empfangsgerät mit Papierstreifen, auf dem ankommende Nachrichten aufgezeichnet werden
B Taster, mit dem Nachrichten gesendet werden
C Batterie zur Stromversorgung
D Leitung zu anderen Stationen

Die telegraphischen Schriftzeichen des deutsch-österreichischen Telegraphenvereins sind:

A	.-	O	---	1	.----
Ä	.-.-	Ö	---.	2	..---
B	-...	P	.--.	3	...--
C	-.-.	Q	--.-	4	....-
D	-..	R	.-.	5	.....
E	.	S	...	6	-....
F	..-.	T	-	7	--...
G	--.	U	..-	8	---..
H	....	Ü	..--	9	----.
I	..	V	...-	0	-----
J	.---	W	.--		
K	-.-	X	-..-		
L	.-..	Y	-.--		
M	--	Z	--..		
N	-.	Ch	----		

Im Jahr 1837 machte der Amerikaner Morse eine wichtige Erfindung. Er entwickelte das Morse-Alphabet. Dabei entspricht jedem Buchstaben eine bestimmte Reihenfolge von Punkten und Strichen. Diese Zeichen konnte er als kurze oder lange Signale mit einem elektrischen Schreibtelegraphen und Leitungen über weite Entfernungen senden.
Kurz darauf wurden solche elektrischen Telegraphenlinien schon in vielen Ländern gebaut. Welche Vorteile diese Erfindung hatte, merkte man bald.
Zum Beispiel in England 1845: Man erkannte in einem abfahrenden Zug einen gesuchten Mörder.
Mit dem Eisenbahn-Telegraphen gab man den Befehl zur Festnahme weiter. An der nächsten Station konnte der völlig überraschte Mörder gefaßt werden.

Eine Beleuchtung ohne offene Flamme – oder: Wie die Glühlampe erfunden wurde

Thomas Alva Edison experimentierte mit seinen Mitarbeitern Tag und Nacht. Er wollte einen geeigneten Faden finden, der mit Hilfe von Strom zum Glühen gebracht werden konnte. Monatelang machte er Versuche mit verschiedenen Metallfäden. Sie glühten zwar alle, doch nach kurzer Zeit waren sie verglüht. Dann, am 19. Oktober 1879, gelang ein großer Erfolg: In der Glühlampe war ein verkohlter Faden aus Nähgarn gespannt. Der Kohlefaden in der Lampe strahlte in hellem Licht. Aber wie lange würde er leuchten, ohne zu verglühen? Er leuchtete mehr als 40 Stunden!
Als Edison seine Erfindung bekanntgab, erntete er nur Spott. Eine Lampe ohne Flamme, das hielten die meisten Menschen für ein Märchen. Um die Zweifler zu überzeugen, erleuchtete Edison in der Silvesternacht 1879 die Haupstraße von Menlo Park bei New York mit 60 seiner Lampen. Staunend betrachteten Tausende die Lichter, die die Häuser, Bäume und den schneebedeckten Boden anstrahlten. Jeder wollte eine solche Lampe besitzen.

Yoga macht Spaß

Beginne mit der Bauchatmung.

Wiederhole jede Übung dreimal.

Bewege dich dabei ganz langsam.

Nach jeder Yoga-Übung sollst du dich entspannen.

1. Berg

2. Kniekuß

3. halbe Brücke

4. Pflug

Rolle den Rücken **langsam** zurück, winkle die Beine an und stelle die Füße einen nach dem anderen wieder auf den Boden.

5. einfacher Drehsitz

Übe ihn auch zur anderen Seite.

6. Blume

So kannst du dich entspannen:

in der Rückenlage

in der Bauchlage

eingerollt

Gesund leben ...

„Erwachsene sind ein gutes Vorbild für Kinder."
Ist das tatsächlich so?
Gehen Eltern, Lehrerinnen, Lehrer, Freunde ...
wirklich immer mit gutem Beispiel voran?
Wenn es darum geht, wie man sich gesund und fit
hält, können viele Gewohnheiten der Erwachsenen
nicht zur Nachahmung empfohlen werden!

Gewohnheiten entwickeln sich schon früh.
Manche wirken sich gut auf die Gesundheit aus
und manche schlecht. Oft spüren die Menschen die
Folgen einer ungesunden Lebensweise nicht sofort,
sondern erst viele Jahre später.

Der Gesundheits-Test

Ein 4. Klasse in Berlin hat einen Gesundheits-Test
entwickelt. In dem Test sind 22 Lebensgewohnheiten
genannt. Zu jeder Gewohnheit gibt es drei mögliche
Antworten, und für jede Antwort gibt es Punkte:

3 Punkte, wenn die Antwort vermuten läßt, daß du gesund lebst.

0 Punkte, wenn die Antwort vermuten läßt, daß du nicht gesund lebst.

1 Punkt, wenn du mal so oder so lebst.

Punktetabelle

Aussage	A	B	C
1	0	1	3
2	3	1	0
3	0	1	3
4	0	1	3

Was man tun könnte

1 Den Test durchführen:
   - Gemeinsam in der Klasse eine Punktetabelle erstellen, für welche Antwort es 0, 1 oder 3 Punkte geben soll. Das Beispiel der Berliner Klasse zeigt einen möglichen Anfang.
   - Allein oder in Partnerarbeit den Test ausführen (Arbeitsblatt).
   - In der Punktetabelle nachschauen, welche Punktezahl du erreicht hast.
   - In der Auswertung nachlesen, welche Bedeutung die erreichte Punktzahl hat.

2 Rollenspiele durchführen:
   - Eine Patientin kommt zu einer Ärztin. Sie hat den Gesundheits-Test durchgeführt und will sich nun beraten lassen.
   - Ein Familiengespräch: Erwachsene und Kinder haben den Test durchgeführt und diskutieren nun miteinander.
   - Konferenz: Lehrerinnen und Lehrer besprechen, wie das Schulleben gesünder gestaltet werden könnte.

Auswertung

0-18 Punkte: Du lebst recht ungesund. Laß dir erklären, welche Gewohnheiten deiner Gesundheit schaden. Versuche, sie zu verändern.

19-37 Punkte: Du solltest mehr für deine Gesundheit tun. Finde heraus, welche Gewohnheiten du ändern kannst.

38-49 Punkte: Du bist auf dem richtigen Weg, kannst aber noch mehr für deine Gesundheit tun.

50-60 Punkte: Du besitzt eine ganze Menge Gewohnheiten, die deiner Gesundheit nützen. Finde heraus, welche es sind. Vielleicht möchtest du noch mehr für deine Gesundheit tun.

61-66 Punkte: Du lebst gesund.

... von Anfang an

Gesundheits-„Test"

Entscheide dich bei jeder Aussage für eine der drei Antworten.

    A Trifft meistens zu.
    B Trifft manchmal zu.
    C Trifft selten oder nie zu.

Schreibe deinen Antwort-Buchstaben (A oder B oder C) zu jeder Aussage auf ein Antwortblatt, zum Beispiel: Aussage 1 – C.

1. Ich bleibe morgens bis zur letzten Minute im Bett und gehe dann zur Schule. Frühstück brauche ich nicht.

2. Morgens frühstücke ich in Ruhe. Danach putze ich mir die Zähne und gehe dann zur Schule.

3. Zum Frühstück esse ich etwas Süßes.

4. Ich lasse mich von meinem Vater oder meiner Mutter im Auto zur Schule fahren. Das ist bequem und geht schnell.

5. Ich treibe Sport.

6. In der Schule esse ich überhaupt nichts.

7. In der Schule esse ich ein belegtes Brot, frisches Obst oder Gemüse.

8. In der großen Pause trinke ich Schulmilch.

9. Wenn ich in einer Klassenarbeit eine schlechte Note habe, esse ich zum Trost eine Menge Süßigkeiten.

10. Wenn mich etwas sehr ärgert, tobe ich mich aus. Danach geht es mir besser.

11. Wenn ich Kopfschmerzen habe, lasse ich mir eine Tablette geben.

12. Wenn ich Durst habe, trinke ich eine Limo oder eine Cola.

13. Nach der Schule esse ich Pommes mit einer Currywurst und Ketchup.

14. Wenn ich Durst habe, trinke ich Apfelsaft mit Mineralwasser.

15. Nachmittags sehe ich fern oder spiele am Computer.

16. Ich esse am Nachmittag Chips und andere Knabbersachen.

17. Nachmittags spiele ich draußen mit anderen Kindern.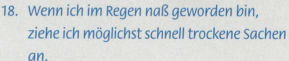

18. Wenn ich im Regen naß geworden bin, ziehe ich möglichst schnell trockene Sachen an.

19. Abends esse ich nicht mehr so viel.

20. Ich rauche gerne Zigaretten.

21. Kurz vor dem Einschlafen esse ich noch etwas Süßes.

22. Bevor ich schlafen gehe, putze ich mir die Zähne. Danach esse ich nichts mehr.

Ein Ort verändert sich …

Bilder aus dem Stadtarchiv in Hilden

Hilden im Jahr 1840

Hilden im Jahr 1900

Hilden im Jahr 1940

... zum Beispiel Hilden

Wenn man etwas über die Geschichte eines Ortes erfahren will, ist man auf Bilder, Texte und andere „Zeugen" angewiesen.
Wir haben solches Material für Hilden, eine Stadt in Nordrhein-Westfalen, zusammengetragen.
Beim Vergleichen der Bilder und Karten könnt ihr feststellen, wie die Menschen früher gelebt haben und wie sich die Stadt allmählich verändert hat. Ihr könnt aber auch herausfinden, welches die Gründe für ganz bestimmte Veränderungen waren.
Ähnliche Veränderungen werdet ihr vielleicht auch feststellen, wenn ihr die Geschichte eures eigenen Ortes oder eurer eigenen Stadt erkundet.
Hinweise für eine solche Erkundung findet ihr auf Seite 87. Als Anregung haben wir immer dazugeschrieben, wo wir das Material über Hilden gefunden haben.

Ein Ort entsteht

Dort, wo sich zwei Handelswege kreuzen, entsteht um das Jahr 900 nach und nach ein Hof mit Scheune, Kuh- und Pferdestall, Schmiede, Küchenhaus und einem Frauenarbeitshaus zum Spinnen und Weben. Eine kleine Kirche wird gebaut und eine Mühle.
Der Hof gehört dem Erzbischof von Köln. Es ist der „Hohe Hof Hilden". Verwaltet wird der Hof von einem „Meier", den der Erzbischof bestimmt hatte. Der Meier ist auch Richter, wenn es zu Streitigkeiten kommt. Weil das Land dem Erzbischof gehört, müssen die Bauern einen Teil ihrer Ernte abgeben, und sie müssen – ohne Lohn dafür zu bekommen – für den Meier arbeiten. Dafür bekommen sie so viel Land (das heißt Lehen) zur Verfügung gestellt, daß sie sich und ihre Familien ernähren können.

Nach 1200 wird mit dem Bau einer neuen großen Kirche begonnen.
Bis heute werden in dieser alten, schönen Kirche Gottesdienste gehalten.

Aus einem Fotoband über Hilden

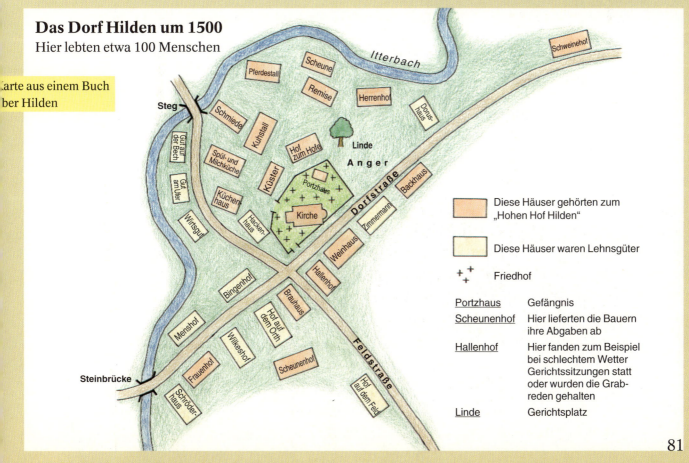

Das Dorf Hilden um 1500
Hier lebten etwa 100 Menschen

Karte aus einem Buch über Hilden

- Diese Häuser gehörten zum „Hohen Hof Hilden"
- Diese Häuser waren Lehnsgüter
- Friedhof

Portzhaus — Gefängnis
Scheunenhof — Hier lieferten die Bauern ihre Abgaben ab
Hallenhof — Hier fanden zum Beispiel bei schlechtem Wetter Gerichtssitzungen statt oder wurden die Grabreden gehalten
Linde — Gerichtsplatz

81

Arbeiten im Dorf

Die Bauern des kleinen Dorfes arbeiten in der Landwirtschaft. Inzwischen dürfen sie das Land, das sie für ihren eigenen Lebensunterhalt bewirtschaften, an ihre Kinder vererben, und sie dürfen es sogar verkaufen. Aber wenn ein Hof den Besitzer wechselt, hat der Grundherr das Recht, sich die beste Kuh oder das beste Pferd des Bauern auszusuchen. Kann der Bauer nicht auf das Tier verzichten, muß er den Wert in Geld bezahlen. Das bedeutet für manchen Bauern eine hohe Belastung. Zwar brauchen sie nicht mehr einen Teil ihrer Ernte abzugeben, aber dafür müssen sie jetzt Zins an den Verwalter des Grundherrn zahlen.

Im Lauf der Jahre siedeln sich auch außerhalb vom Hohen Hof Hilden Menschen an.

Das alte Erbrecht

Wenn ein Bauer in der Gegend von Hilden seinen Hof vererbte, so vererbte er ihn an alle Kinder. Das bedeutete: Entweder wurde das Land gleichmäßig an alle Kinder verteilt, dann wurden aus einem größeren Hof mehrere kleine. Oder ein Kind bekam den gesamten Hof, dann mußte es aber den Wert des Landes an seine Geschwister ausbezahlen. Dafür mußte der Sohn oder die Tochter häufig gleich einen Teil des Besitzes verkaufen. Auf diese Art und Weise wurden die Höfe immer kleiner.

Das „Haus auf der Bech" heute, erbaut 1680

Handweberei

Mit der Zeit werden viele Höfe so klein, daß sich die Familien nicht mehr davon ernähren können.

In den meisten Häusern gibt es Webstühle, um Stoffe für die eigene Kleidung zu weben. Jetzt gehen die Bauern dazu über, mehr zu weben und die Stoffe auf den umliegenden Märkten zu verkaufen.

Mit dem Verdienst können sie ihren Lebensunterhalt bestreiten.

1725 gibt es in Hilden sieben „Wullenweber" und Leineweber.

50 Jahre später wird an 40 Webstühlen Heimweberei betrieben. Dabei hilft die ganze Familie mit. Die Heimweberei ist zu einem Erwerbszweig geworden.

Aus dem Stadtarchiv

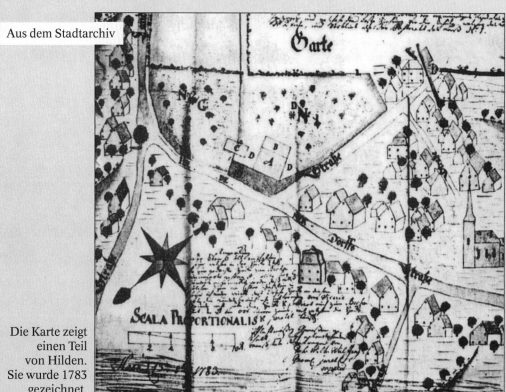

Die Karte zeigt einen Teil von Hilden. Sie wurde 1783 gezeichnet.

Das Dorf wird zur Stadt

Inzwischen ist Hilden ein Dorf geworden, in dem 2000 Menschen leben.

Im Jahr 1808 wird durch ein Gesetz die Abhängigkeit der Bauern von ihrem Grundherrn abgeschafft. Die bisherigen Abgaben fallen weg.
Die Gemeinde Hilden bekommt ihren ersten Bürgermeister.

Durch den Ausbau von Straßen ist Hilden jetzt besser mit seinen Nachbarorten verbunden. Zweimal täglich fahren vierspännige Postwagen vor. Die Postverbindung führt von Düsseldorf über Hilden nach Solingen.
Das sind günstige Voraussetzungen für die Ansiedlung von Betrieben und Fabriken. Nach der ersten Schafwollspinnerei entstehen weitere Fabriken, in denen Garne gesponnen und Stoffe gewebt und gefärbt werden.

Ein wichtiges Datum für Hilden ist das Jahr 1861. Das Dorf Hilden wird zur Stadt ernannt. Jetzt wohnen bereits 5000 Menschen hier.
Für die wachsende Zahl der Einwohner und für die neuen Betriebe und Fabriken werden neue Einrichtungen gebraucht.
In der Stadt bilden sich auch Vereine, zum Beispiel Turnverein, Gesangverein und ein Verschönerungsverein.
1874 bekommt Hilden einen Bahnhof. Er hat eine große Bedeutung für die Entwicklung der Stadt.

Aus einem Fotoband über Hilden

Der Hildener Bahnhof um 1900

Immer mehr Fabriken entstehen und immer mehr Menschen ziehen nach Hilden, weil sie hoffen, in den Fabriken Arbeit und Verdienst zu finden.
Aber durch die Herstellung der Waren in Fabriken verlieren auch viele Menschen Arbeit und Verdienst. Weil die Maschinen schneller und billiger produzieren können, werden die in Handarbeit hergestellten Waren kaum noch gekauft.

Für diejenigen Menschen, die nichts mehr verdienen und die so arm werden, daß sie sich nichts mehr zu essen kaufen können, richtet die Gemeinde Hilden eine „Suppenanstalt" ein. Hier bekommen diese Menschen wenigstens eine warme Mahlzeit.

Aus einer Zeitleiste für Hilden

Jugenderinnerungen eines alten Hildeners

Edmund Kurschildgen berichtet über die Zeit von 1880-1890:

Arbeit zu Hause

In meiner frühen Jugendzeit waren die Verhältnisse zu Hause armselig. Der Vater verdiente 27 Groschen am Tag. Dafür mußte er 10 Stunden arbeiten. Meine Mutter mußte gut haushalten, denn wir waren zu 11 Kindern.
In den ländlichen Bezirken von Hilden gab es früher viel Handwebstühle. Der Mann saß hinter dem Webstuhl, die Frau machte die Webspulen zurecht, wobei ihr die ältesten Kinder halfen.
Die Kinder mußten die tägliche Hausarbeit machen: das eine schälte Kartoffeln, das andere wusch ab, das andere mußte Holz und Kohlen hereinholen ... Es war genau festgelegt, was jedes Kind zu machen hatte.

Das war immer ein Festtag für die Weberfamilien, wenn es Geld gab für die abgelieferte Ware. Es wurde von den Frauen gleich das Nötigste gekauft. An diesem Tag wurden 10 oder 12 Brötchen gekauft, auch etwas Wurst wurde geholt.
Sonst war das Leben der Hausweberfamilien recht dürftig, denn es wurde für ihre Arbeit zu wenig bezahlt.

Als die Maschine sich immer mehr durchsetzte, wurde ein Handwebstuhl nach dem anderen stillgelegt, und die Weber mußten, manche noch in ihren alten Tagen, zur Fabrik gehen.

Foto aus einem Buch über Handweber

Handweberei zu Hause

Unser Lieblingsspiel

Daß es so einfach bei uns zuging, haben wir Kinder gar nicht gespürt. Wir waren glücklich und zufrieden und konnten uns über die einfachen Dinge von Herzen freuen, auch über unsere Jugendspiele. Oftmals mußten wir uns die Zeit zum Spielen abstehlen, weil wir den Eltern bei der Arbeit helfen mußten.
Wir Jungen spielten gern „Peedsball". Es gehörten 8 bis 12 Jungen dazu. Die einen waren die Pferde, die anderen die Reiter. Diese 4 bis 6 Paare stellten sich im Kreise auf. Nun warf ein Reiter dem anderen den Ball zu. Fiel er einem Reiter zur Erde, dann setzten die Pferde die Reiter ab und versuchten den Ball zu kriegen. Gelang das einem Pferd, dann suchte es einen Reiter damit zu treffen. Traf es, dann wurden die Rollen gewechselt: Die Reiter wurden im nächsten Spiel zu Pferden. Der Ball war meist aus einem alten Strumpf zusammengenäht.

Meine erste Arbeit

Nach der Schulentlassung kam ich zur Hummelster-Fabrik. In den ersten beiden Jahren hatte ich einen Tageslohn von 90 Pfennig. Dafür mußte ich jeden Tag, auch samstags, zehn Stunden arbeiten. Meinen Lohn mußte ich selbstverständlich zu Hause abgeben. Doch durfte ich wöchentlich 25 Pfennig für mich behalten. Für Überstunden wurde ein Pfennig mehr gezahlt als für die gewöhnliche Arbeitsstunde. Ich habe viele Überstunden gemacht. Aus diesen Überstunden habe ich mir das Geld für meine erste Taschenuhr zusammengespart. Die Uhr hat 18,-Mark gekostet.

Aus einem Hildener Jahrbuch

Aus dem Rheinischen Volksblatt vom 6. November 1894

Preisliste der Hildener Consum-Anstalt

1 Pfund	Schmalz	60 Pfennig
1 Pfund	Rübenkraut	10 Pfennig
1 Pfund	Bohnen, weiße	14 Pfennig
1 Pfund	Edamer Käse	85 Pfennig
1 Pfund	Margarine	83 Pfennig
1 Pfund	Kaffee	180 Pfennig
1 Pfund	Malz-Kaffee	29 Pfennig
1 Pfund	Mettwurst	78 Pfennig
1 Pfund	Chocolade	180 Pfennig

Die Zeit der Industrialisierung

Foto aus einem Buch über Weber

Ein Fabriksaal mit Webmaschinen

Industrialisierung
Industrialisierung ist das Aufkommen und Anwachsen der Industrie. Aus Handarbeit wird Maschinenarbeit. Zum Beispiel wurde die Bauernstube, in der gesponnen und gewebt worden war, durch den Fabriksaal ersetzt und der Handwebstuhl durch den mechanischen Webstuhl.
Mit den Maschinen können viel mehr Waren hergestellt werden. Das nennt man Massenfertigung. An jeder Maschine wird ein Arbeitsgang erledigt. Das nennt man Arbeitsteilung.
Angetrieben werden die Maschinen durch die Dampfmaschine. Zum Transport der Rohstoffe und der Waren werden neue Verkehrswege und Verkehrsmittel gebraucht.
Die Industrialisierung verändert das Leben der Menschen gründlich. Weil die Maschinen schneller und billiger produzieren können, wird die Handarbeit nicht mehr gebraucht. Viele Menschen verlieren Arbeit und Verdienst. Nicht alle können in der Fabrik beschäftigt werden. Die Arbeit dort ist sehr schwer, und es gibt wenig Lohn. Weil viele Eltern zuwenig verdienen, müssen auch Kinder in der Fabrik arbeiten und so zum Lebensunterhalt der Familie beitragen. Die Fabrikanten stellen Kinder ein, weil sie den Kindern weniger bezahlen müssen als den Erwachsenen.

Foto aus einem Buch über Weber

der Wohnküche einer Weberfamilie

Foto aus einem Sachbuch

Arbeiterfamilie in der Stadt in einer Einzimmerwohnung

Die Stadt Hilden wächst

Die Stadt bekommt ein Wappen

1900 bis 1914

1900 hat Hilden 11300 Einwohner. Für die Verwaltung der Stadt wird ein schönes großes Rathaus gebaut. Mit dem Rathaus bekommt Hilden auch ein Stadtwappen. Es zeigt neben dem Wasserlauf der Itter zwei Symbole: die Sichel bedeutet Landwirtschaft, und das Zahnrad bedeutet Industrie.
Das sind die beiden Wirtschaftszweige, in denen die Menschen arbeiten und von denen sie leben.

Neue Betriebe siedeln sich an.
1907 erhält Hilden elektrischen Strom.
1910 wird das erste Kino eröffnet.
1913 beginnt die Stadtbücherei mit der Ausleihe.
1914 leben 20000 Menschen in Hilden.

Aus einem Prospekt der Stadt Hilden

Das alte Rathaus

Aus einem Fotoalbum

Der Turnverein 1914

Bei der Ernte

1914 bis 1945: Die Zeit der Weltkriege

1914 bis 1945

Dann wird die Entwicklung durch zwei Weltkriege unterbrochen. Auch die Menschen in Hilden leiden schwer unter Krieg und Nachkriegszeit.
Da in Hilden nur wenig durch den Zweiten Weltkrieg zerstört worden war, konnten einzelne Fabriken und Betriebe bald wieder mit der Arbeit beginnen und Eisenbahn und Straßenbahn wieder verkehren.
Viele Menschen aus anderen Teilen Deutschlands, die alles verloren hatten und aus ihrer Heimat vertrieben worden waren, werden in Hilden aufgenommen.
1945 hat Hilden 25000 Einwohner.

1945 bis 1990

Immer mehr Menschen
Nach dem Krieg setzt in Hilden ein neuer wirtschaftlicher Aufschwung ein. Fabriken und Betriebe weiten sich aus, und viele neue kommen hinzu.
In den nächsten Jahrzehnten wird viel gebaut. Zeitweise sieht Hilden wie eine einzige Baustelle aus. Zahlreiche Menschen ziehen nach Hilden: Flüchtlinge, die eine neue Heimat suchen, Familien aus den nahen Großstädten, die lieber in einer Kleinstadt leben, und Tausende von ausländischen Gastarbeitern, die für die Arbeit in Betrieben und Fabriken gebraucht werden.
1975 beträgt die Einwohnerzahl 53000.
Öffentliche Einrichtungen werden gebaut: Klärwerk, Feuerwehrhaus, Post, Hallenbad, Sportplätze, Kaufhäuser, Stadthalle.

Die Ausweitung der Industrie und die wachsende Zahl der Einwohner stellt Hilden vor große Verkehrsprobleme. Straßen werden gebaut.
1973 ist das Autobahnkreuz Hilden fertig.
1977 erhält die Stadt einen zweiten Bahnhof.

Hilden heute
Aus dem Hof des Erzbischofs von Köln ist im Laufe vieler Jahre eine mittelgroße Stadt geworden.
Die alte Dorfstraße ist heute eine Fußgängerzone mit vielen Geschäften und Cafés. Die Menschen können in ihrer Stadt arbeiten, einkaufen und ihre Freizeit verbringen. Zum Beispiel in den 52 Sportvereinen oder in den Naherholungsgebieten der Hildener Heide oder dem Waldschwimmbad. Die Großstädte Düsseldorf, Köln und Wuppertal sind mit öffentlichen Verkehrsmitteln oder mit dem Auto gut zu erreichen.
1994 hat Hilden 55000 Einwohner.

Aus einem Prospekt des Fremdenverkehrsamtes

Hildener Heide

Autobahnanschluß Hilden

Gewerbegebiet West

Der letzte Handweber

Fußgängerzone Mittelstraße

Wie man die Geschichte des eigenen Ortes erkunden kann:

- Ältere Leute befragen, wie es früher war.
- Alte Ansichten sammeln, Fotos, Bilder, Ansichtskarten, Kalenderblätter, Bildbände.
- Ein Museum besuchen, zum Beispiel das Heimatmuseum.
- Im Rathaus oder beim Fremdenverkehrsamt Material besorgen, im Stadtarchiv nachfragen.
- Alte Gebäude in der Stadt aufsuchen, beschreiben, ihre Geschichte erfragen.
- Das gesammelte Material lesen und sortieren, Fragen aufschreiben und besprechen.
- In einen Ortsplan eintragen, wie sich der Ort verändert hat.
- Eine Zeitleiste mit Bildern und Texten erstellen.

Der größte Bagger der Welt …

76 Meter hoch, 12 000 Tonnen schwer, und jede Minute frißt er 200 Kubikmeter Erdreich

Von DIETER KLEIN

Er sieht aus wie ein stählerner Saurier aus dem „Krieg der Sterne". Was da am Rand des Braunkohletagebaus in Hambach steht, ist ein Bagger – der größte der Welt! Neben seinen meterhohen Laufketten wirken Menschen wie Ameisen.

Der Riese mit dem technischen Namen 292 gehört ins „Guinness-Buch der Rekorde": 30 Stockwerke hoch, zwei Fußballfelder lang, mit grenzenlosem „Appetit". Er verbraucht am Tag gut und gern 20 000 Kilowatt Strom – soviel wie eine 37 000-Einwohner-Stadt. Dafür leistet er auch Schwerstarbeit. Sein 21 Meter hohes Löffelrad baggert in 24 Stunden 240 000 Kubikmeter Erde oder Kohle – noch bis ins Jahr 2040; dann wird Hambach „ausgekohlt" sein.

Fünf Männer, keiner älter als 40, tun hier ihren Dienst sehr umsichtig – sie sind schließlich gemeinsam verantwortlich für ihr 165 Millionen Mark teures „Werkzeug".

Der 292 ist vollgestopft mit Mikroprozessoren. Fingernagelkleine Chips bestimmen, wie schnell sich das sieben Stockwerke hohe Schaufelrad drehen darf. Liliputschalter steuern die zwölf Stahltatzen, auf denen der 292 läuft. Jede Tatze ist sechs Meter hoch und knapp zwei Meter breit.

Hungrig frißt das 600 Tonnen schwere Löffelrad tiefe Schneisen in die vor uns liegende Böschung: 200 Kubikmeter in der Minute (24 000 Laster voll mit Erde – jeden Tag). Superschnelle Bandstraßen befördern die Erde jede Sekunde 27 Meter weg. Durch die Glaskanzel sieht man 5 Kilometer weiter eine lange Staubfahne. Dort wird die Erde in den schon ausgekohlten Tagebau wieder hineingeschüttet.

Die meiste Zeit seines Arbeitslebens wird der 292 diesen Abraum baggern. Eine ganze Landschaft wird bis auf 500 Meter Tiefe ausgehöhlt. Dörfer, Wälder und Straßen müssen umgesiedelt werden.

Angaben der Bergwerksgesellschaft

Schaufelradbagger

Tagesleistung eines Baggers	240.000 Kubikmeter*
Bedienungsmannschaft	5 Mann
Gesamtgewicht	13.000 t
Schaufelrad-Durchmesser	21,6 m
Anzahl der Schaufeln	18
Größe der Schaufel	6,3 Kubikmeter**
Gesamtlänge	225 m
Gesamthöhe	96 m

* entspricht der Tagesarbeit von 40.000 Menschen
** entspricht dem Fassungsvermögen eines LkW

Was man tun könnte

1. Die Zahlenangaben zum Riesenbagger mit Größen und Gewichten aus eurer Umgebung vergleichen
   (Beispiele: Das Stockwerk eines Hauses ist etwa 3 m hoch, ein Fußballfeld ist 100 m lang und 80 m breit …)
2. Die Zahlen aus dem Zeitungsartikel (von 1991) mit Angaben der Bergwerksgesellschaft (von 1993) vergleichen.

... verändert eine Landschaft

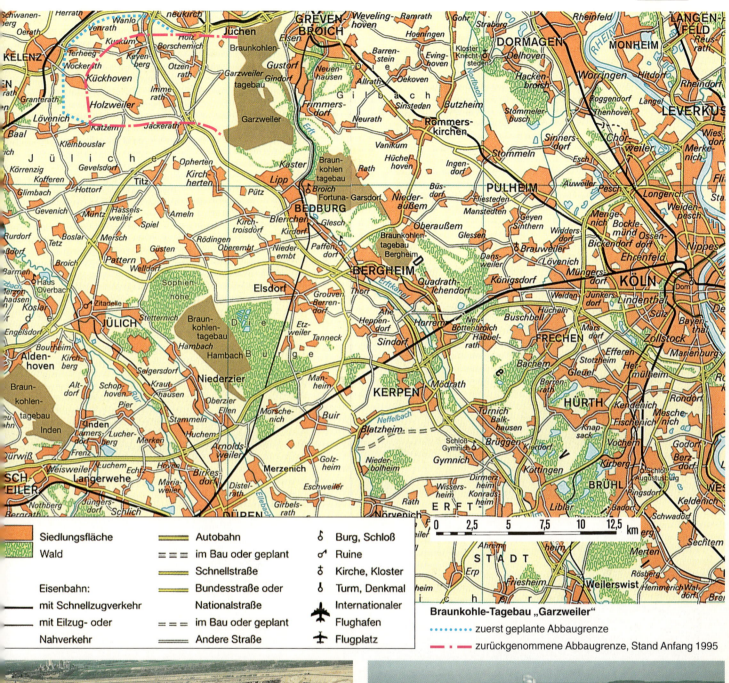

Braunkohle wird abgebaut, beim Ort Kaster (nördlich von Bedburg)

Nach dem Abbau wird eine neue Landschaft geschaffen, Kaster 1993

Wie Braunkohle entstanden ist

Die Niederrheinische Bucht heute

Vor Millionen Jahren entstand die Niederrheinische Bucht. Dort sammelte sich Wasser. Flüsse spülten Sand und Geröll in dieses Wasserbecken, so daß es teilweise verlandete.

Im feuchten und warmen Klima entstanden ausgedehnte sumpfige Urwälder. Bäume und andere große Pflanzen wuchsen heran, starben ab und versanken im Moor. Dort konnten sie nicht verfaulen, weil sie von der Luft abgeschlossen waren. Die Pflanzen wurden zu Torf und bildeten mächtige Schichten.

Viele Male überflutete das Meer die sumpfigen Urwälder und bedeckte dabei die Torfschichten jeweils mit Sand und Schlick.

Durch den Druck der Sandmassen wurde in Millionen Jahren der Torf zu Braunkohle. Die Braunkohleschichten liegen zum Teil mehrere Hundert Meter tief unter der Erdoberfläche.
Auf ähnliche Weise ist in anderen Gegenden die Steinkohle entstanden. In noch längerer Zeit und durch starken Druck und Wärme wurden Pflanzenreste zu Steinkohle umgewandelt.

Braunkohle

Braunkohle-Abbau

Heute gibt es im Rheinland Vorräte an Braunkohle, die für die nächsten 300 Jahre reichen. Um an die Kohle heranzukommen, müssen zuerst die Bodenschichten darüber abgetragen werden. Das besorgen riesige Bagger, so wie du es auf Seite 88 nachlesen kannst. Über breite Förderbänder werden die Erdmassen – man sagt Abraum dazu – wegtransportiert.

Der Abraum wird kilometerweit befördert, bis zu den Stellen, an denen die Braunkohle schon abgetragen wurde. Dort wird der Abraum verteilt und das Riesenloch wieder aufgefüllt.
Wenn so die Braunkohleschicht freigelegt ist, wird sie ebenfalls mit riesigen Schaufelradbaggern abgebaut. Die Kohle kommt auf Förderbändern zu Lagerstellen am Tagebaurand. Von dort wird sie zu den Kraftwerken transportiert. Da die Braunkohlegruben einige Hundert Meter tief sind, fließt sehr viel Grundwasser aus der umliegenden Landschaft dorthinein. Es muß ständig abgepumpt werden, damit die Kohle und die Bagger nicht unter Wasser stehen.

Wozu Braunkohle gebraucht wird

Ein Teil wird in der chemischen Industrie verarbeitet.

Ein Teil wird in Fabriken zu Briketts gepreßt, die als Heizmaterial dienen.

Hauptsächlich wird mit Hilfe der Braunkohle elektrischer Strom erzeugt.
In Nordrhein-Westfalen stammt fast die Hälfte des Stroms aus Kraftwerken, die Braunkohle verbrennen.

Was man tun könnte

1 Einen Brief an die Rheinischen Braunkohlewerke in Köln schreiben und um Bilder und Informationen bitten.

2 Ein Plakat oder eine Ausstellungswand über den Braunkohlenbergbau gestalten.

3 Bücher ausleihen, die vom Leben vor Millionen Jahren berichten, als im warmen Klima die Sumpfwälder wuchsen.

4 Ein Braunkohle-Brikett mitbringen und untersuchen: mit der Lupe betrachten, daran riechen, es wiegen ...

Streit um den Braunkohle-Abbau

Braunkohle-Demo: Region probte den Aufstand

Veranstalter: Politiker enttäuschten / Rheinbraun: Nicht eingeladen / Minister: Garzweiler II noch offen

„Verheizte Heimat" – die Angst vor dem Bagger lockte 3 000 Menschen zu einer Protestveranstaltung gegen den Tagebau Garzweiler II nach Erkelenz. Die überfüllte Erka-Halle war Ort hitzig geführter Diskussionen zwischen Braunkohlegegnern aus Wanlo, Erkelenz und Jüchen, Rheinbraun-Mitarbeitern, Politikern sowie Energie- und Umwelt-Experten. Dazu gab es umfassende Infos auf dem „Markt der Möglichkeiten". Bürgerinitiativen und Kirchen, Veranstalter des Mammuttreffens, waren zwar begeistert von der lebhaften Beteiligung aller, äußerten sich aber enttäuscht über die „kaum verbindlichen" Aussagen der Politiker.

Gegen die geplante Ausdehnung des Braunkohleabbaus in der Umgebung von Garzweiler setzten sich viele Menschen zur Wehr.
Sie sahen durch den neuen Tagebau wichtige Lebensgrundlagen bedroht.
Am 26. August 1989 trafen sie sich daher zu einer großen Veranstaltung.

Hier sind einige Meinungen (gekürzt) der eingeladenen Fachleute, die auf der Rednerbühne diskutierten.

Ein Mitarbeiter der Bergwerksgesellschaft

In der Nordrhein-Westfalen wird fast die Hälfte des Stroms aus der billigen Braunkohle erzeugt. Das hält den Strompreis niedrig. Unsere Braunkohle sichert 40.000 Arbeitsplätze. Davon leben rund 100.000 Menschen in unserer Region.
Wir siedeln die Menschen in neue Orte um und rekultivieren die Tagebaue, nachdem die Kohle ausgebaggert wurde. So können Wälder, Wiesen, Acker und Erholungsgebiete entstehen, in denen sich Pflanzen und Tiere wieder ansiedeln und die Menschen sich wohlfühlen.

Der zuständige Minister der Landesregierung

Braunkohle ist ein sicherer, preiswerter Rohstoff, der vor unserer „Haustür" liegt.
Wir dürfen darauf nicht verzichten – vor allem, weil wir Atomkraftwerke mit ihren möglichen Gefahren für Mensch und Umwelt nicht wollen. Braunkohlengewinnung ist aber nur möglich, wenn sie für die Umwelt und die betroffenen Menschen verträglich gestaltet werden kann.

Ein Fachmann für Energiefragen

Es gibt viele Möglichkeiten, Strom zu sparen. Wenn wir sie besser nutzen, wird weniger Braunkohle verbrannt werden. Das schont unsere Umwelt. Auch die Stromerzeugung mit Hilfe von Sonne, Wind und Wasser hilft hier weiter. Wir werden uns sicher noch viel einfallen lassen müssen.

Ein Beispiel

Der Ort Lich-Steinstraß lag vor dem Braunkohleabbau westlich von Elsdorf (am Rand der heutigen Sopienhöhe).

Nach der Umsiedlung ist das neue Lich-Steinstraß heute ein Ortsteil von Jülich.

Eine Vertreterin des BUND (Bund für Umwelt und Natur Deutschland)

Ich möchte warnen: Unser Trinkwasser, das wir eigentlich aus der Erde entnehmen wollen, fließt stattdessen in riesigen Mengen in die großen Tagebaulöcher ab. Weil es hier den Braunkohleabbau behindert, wird es in die Flüsse gepumpt und geht so für uns unwiederbringlich verloren.

Ein Fachmann für Wasserfragen

Die Feuchtgebiete des Naturparks Maas-Schwalm-Nette sind einmalig. Sie können mit ihrer Vielfalt an Tieren und Pflanzen nur erhalten werden, wenn das Grundwasser nicht abgesenkt wird. Deshalb wäre es wichtig, das aus dem Tagebau abgepumpte Wasser nicht mehr in die Flüsse zu leiten, sondern wieder in das Grundwasser.

Vertreter der Kirchen

Die Zerstörung ganzer Ortschaften und die Umsiedlung ihrer Bewohner darf nicht einfach hingenommen werden. Die Kirche muß immer zur Stelle sein, wenn Menschen in Angst und Not leben. Es ist zu bezweifeln, ob der Mensch bei so gewaltigen Eingriffen in die Natur wie beim Braunkohletagebau die möglichen Gefahren richtig einschätzen kann. Es ist unsere Aufgabe, die Schöpfung zu bewahren. Mensch und Natur dürfen nicht der Wirtschaft geopfert werden.

Sprecherin einer Dorf-Interessen-Gemeinschaft

Ein in Jahrhunderten gewachsenes Dorf mit seinem Gefüge aus guten Nachbarschaften und Vereinen kann nicht so einfach woanders wieder aufgebaut werden!
Hier wird Kultur und Lebensraum unwiederbringlich zerstört. Wir wehren uns gegen eine Vertreibung und gegen die Gewißheit, nie wieder zurückkehren zu können.

Die Großveranstaltung in Erkelenz hat sicher mit dazu beigetragen, daß die zunächst vorgesehenen Abbaugrenzen für den geplanten Tagebau Garzweiler II zurückverlegt wurden.
Dadurch sollen mehrere Ortschaften mit etwa 4200 Menschen von der Umsiedlung verschont bleiben.
Die übrigen Orte mit rund 7600 Menschen sollen aber umgesiedelt werden.

Was man tun könnte

1 Auf der Karte (Seite 89) feststellen, wo Garzweiler liegt.
2 Überlegen, wer bei der Veranstaltung für den Abbau der Braunkohle gesprochen hat und wer dagegen.
3 Ihr könnt die Diskussion der Fachleute auch nachspielen. Weitere Informationen für dieses Rollenspiel findet ihr im Arbeitsheft.
4 Gibt es in eurer Umgebung ähnliche Probleme? Wird dort die Landschaft verändert durch Bergbau, Landwirtschaft, Freizeitanlagen oder Verkehrswege?
Sammelt Informationen darüber.

Nordrhein-Westfalen:

Das Symbol des Reisebuchs findet ihr auch auf den folgenden Seiten. Es zeigt die Fläche des Landes Nordrhein-Westfalen.

Dieses Kapitel soll euch helfen, euer Bundesland kennenzulernen. Ihr findet Informationen und Bearbeitungsvorschläge zu einigen Themen. In ähnlicher Form könnt ihr weitere Themen bearbeiten. Am besten überlegt ihr, was euch interessiert und was ihr mit den gesammelten Informationen anfangen wollt.

Was man tun könnte

1. **Die Arbeit organisieren:**
   - Überlegen, worüber man etwas wissen sollte.
   - Überlegen, wie man sich Informationen beschaffen könnte (Sachbücher mitbringen, im Atlas nachschlagen, Gemeinden anschreiben, Filme, Dias, Zeitungen, Prospekte … auswerten).
   - Festlegen: Wer macht was?

2. **Material sammeln und auswerten**
   - Bücher, Bilder, Prospekte … besorgen.
   - Anschauen und durchlesen: Welche Informationen sind für ein Reise-Spiel, für ein Plakat … interessant?
   - Bilder auswählen, Karten zeichnen, Texte formulieren.
   - Sich gegenseitig die Arbeitsergebnisse vorstellen (ausprobieren, wie man seine Informationen gut darstellen kann).

3. **Das Buch, das Plakat, die Tonbildschau … herstellen**
   - Entscheiden, welche Bilder, Karten, Texte verwandt werden sollen.
   - Sich gemeinsam (Tischgruppe oder in der Klasse) auf einen Spielplan, ein Buchformat … einigen.
   - Fragen oder Aufgaben für das Spiel erfinden, Texte für das Buch herstellen und Bilder auswählen.
   - Das gemeinsame Arbeitsergebnis anderen (den Eltern, Kindern einer anderen Klasse …) vorstellen.

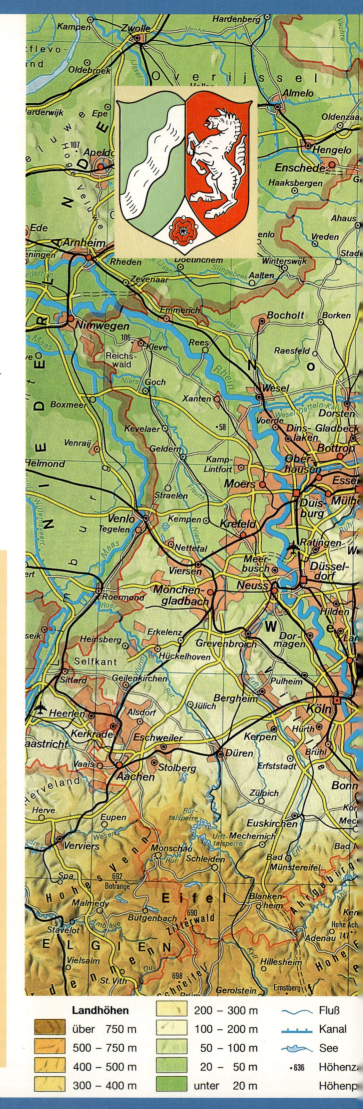

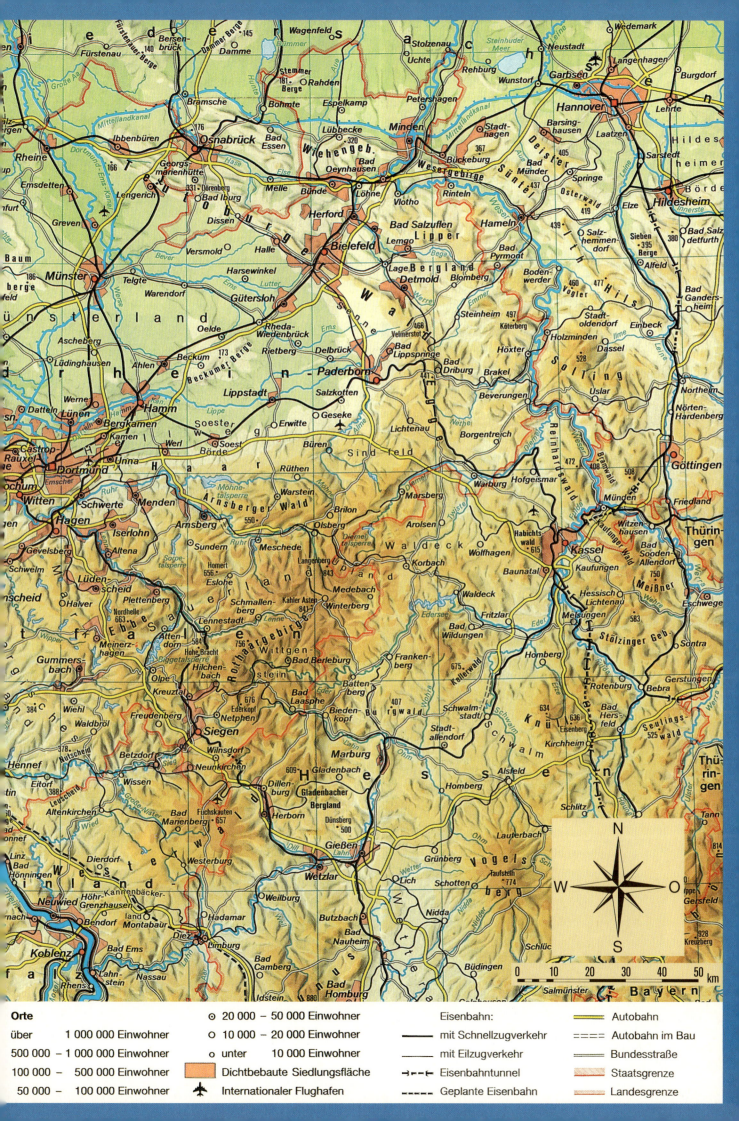

Landschaften in Nordrhein-Westfalen

Das **Niederrheinische Tiefland** liegt zu beiden Seiten des Rheins im Nordwesten. Es ist eine weite Ebene.
Deiche schützen das Tiefland vor Überschwemmungen. Hinter den Deichen gibt es Sümpfe und Feuchtgebiete mit seltenen Pflanzen und Tieren.
Das milde Klima und die fruchtbaren Böden eignen sich zum Anbau von Gemüse und Obst. In der Stadt Straelen finden täglich Blumenversteigerungen statt. In jedem Jahr werden mehr als 250 Millionen Blumen verkauft.
Zucker und Salz sind eine Spezialität dieser Landschaft: Der Zucker wird aus Rüben gewonnen, die auf riesigen Feldern angebaut werden. Das Salz kommt aus der Erde. In Borth befindet sich das größte Salzbergwerk Europas.
Die älteste Stadt am Niederrhein ist Xanten. Vor 2000 Jahren bauten die Römer hier ein Lager.

Der Archäologische Park in Xanten

Das Ruhrgebiet hat seinen Namen von der Ruhr. Von diesem Fluß aus erstreckt es sich bis zum Rhein, bis zum Fluß Lippe und bis zur Stadt Hamm.
Das Ruhrgebiet ist dicht besiedelt und Europas größtes Industriegebiet. Grundlage für sein Entstehen waren die Steinkohlevorkommen. Die Kohle wurde abgebaut. Zechen, Eisenhütten, Kraftwerke und Fabriken entstanden. Menschen aus verschiedenen Gegenden Deutschlands und Europas zogen ins Ruhrgebiet, weil es hier Arbeit und gute Verdienste gab.
Inzwischen sind viele Zechen stillgelegt. Die Menschen verloren dort ihre Arbeit. Neue Fabriken entstanden, zum Beispiel in der Elektoindustrie und in der Autoindustrie.
Im Ruhrgebiet gibt es viele Freizeitangebote, die durch ein dichtes Verkehrsnetz gut zu erreichen sind.

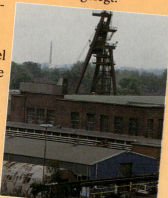
Steinkohlebergwerk Haus Aden in Bergkamen

Die Eifel liegt südlich der Stadt Aachen. Der südliche Teil der Eifel gehört zum Bundesland Rheinland-Pfalz, der westliche Teil zu Belgien. In der Eifel entspringen viele Wasserläufe, die tiefe Täler in die Hochfläche geschnitten haben. Diese Wasserläufe fließen in die großen Flüsse Rhein und Mosel.
Bis vor etwa 10.000 Jahren gab es tätige Vulkane im Süden der Eifel. Bei Ausbrüchen entstanden große trichterförmige Krater, die Maare. Sie füllten sich mit Wasser, so entstanden die Maarseen. Seltene Pflanzen und Tiere, der deutsch-belgische Naturpark, Wildparks und Freigehege, Talsperren und Maarseen, Schlösser und Burgen ... machen die Eifel zu einem beliebten Ausflugsgebiet.

Talsperre in der Eifel

Die **Niederrheinische Bucht** liegt zu beiden Seiten des Rheins und wird von der Eifel und dem Bergischen Land begrenzt. Hier liegen die Städte Köln und Bonn.
Zwischen Köln und der Ville liegt das Vorgebirge. Es hat fruchtbare Böden, mildes Klima und eine windgeschützte Lage. Hier wird Gemüse bis zu dreimal im Jahr geerntet. Zwischen den Flüssen Erft und Rur liegen die Zülpicher Börde und die Jülicher Börde. Hier gibt es große Felder mit Getreide und Zuckerrüben.
Westlich von Köln wird Braunkohle abgebaut. In großen Werken der chemischen Industrie (zum Beispiel in Leverkusen) und in der Autoindustrie (zum Beispiel in Köln) finden viele Menschen Arbeit.

Köln am Rhein

Das **Münsterland** liegt zwischen dem Teutoburger Wald und der Lippe, dem Emsland und den Niederlanden. Seinen Namen hat es von der Stadt Münster. 1993 wurde Münster 1200 Jahre alt. In der flachen Landschaft wechseln weite Wiesen und Felder einander ab. Sie sind von dichten Wallhecken umgeben. Diese Hecken verhindern, daß der Wind den Boden abträgt. Das Münsterland ist ein altes Bauernland. Die Bauern leben von Getreideanbau und Viehwirtschaft. Viele Betriebe bieten auch „Urlaub auf dem Bauernhof" an. Das flache Land eignet sich besonders gut zum Radfahren. Es gibt viele tausend Kilometer „Pättkes" – so heißen die Radwege –, auf denen man die zahlreichen Wasserburgen und Wasserschlösser entdecken kann.

Über das ganze Münsterland sind die vereinzelt liegenden Bauernhöfe verstreut

Ostwestfalen liegt zwischen Lippe und Weser. Zwei Bergketten durchziehen Ostwestfalen:
1. der Teutoburger Wald und das Eggegebirge,
2. das Wiehengebirge und das Wesergebirge.
Zwischen den Bergketten liegt hügeliges Land und im Westen das sandige Vorland, die Senne. Berge, Wälder, Wiesen, Bachläufe und Seen bestimmen das Landschaftsbild.
An vielen Orten sprudelt aus Quellen und Brunnen warmes, salzhaltiges Wasser. Es hat bei bestimmten Krankheiten eine heilende Wirkung. Darum gibt es hier viele Heilbäder und Kurorte. Auf Rad- und Wanderwegen läßt sich Ostwestfalen gut erkunden: die größte Adlerwarte Europas in Detmold, das Hermannsdenkmal im Teutoburger Wald …

Die Externsteine im Teutoburger Wald

Das **Bergische Land** liegt zwischen Sieg, Ruhr und Rhein. Es fällt zum Rhein hin ab. So fließen alle Wasserläufe zum Rhein. Wald- und Weidelandschaft bestimmen das Landschaftbild. Seinen Namen hat das Bergische Land von den „Grafen von Berg". Sie bauten zunächst die „alte Burg Berge" und anschließend das Schloß „Neue Berge". Das ist das heutige Schloß Burg an der Wupper.
Die Städte Solingen und Remscheid sind weltbekannt für ihre Eisenwaren. Das Wahrzeichen Wuppertals ist die Schwebebahn.

Landschaften in Nordrhein-Westfalen

Das **Südwestfälische Bergland** wird durch die Landschaften Sauerland und Siegerland gebildet. Man nennt es das „Land der tausend Berge". Im Hochsauerland bedeckt der Wald mehr als die Hälfte des Bodens. Hier entspringen die Flüsse Ruhr und Lenne. Unterirdisch durchzieht das Sauerland ein Korallenriff, mit vielen Höhlen. In ihnen gibt es herrliche Tropfsteine.
Der Fluß Sieg gab dem Siegerland und der Stadt Siegen ihre Namen. Früher wurde im Siegerland Eisen gefördert. Daraus entwickelte sich eine Eisen- und Stahlindustrie. Noch heute werden große Mengen von Eisen verarbeitet.
Das Südwestfälische Bergland ist ein Erholungsgebiet. Besonders die Menschen aus dem Ruhrgebiet nutzen diese Landschaft.

Burg Altena: hier ist heute die älteste Jugendherberge der Welt

Das Mindener Wasserstraßen-Kreuz

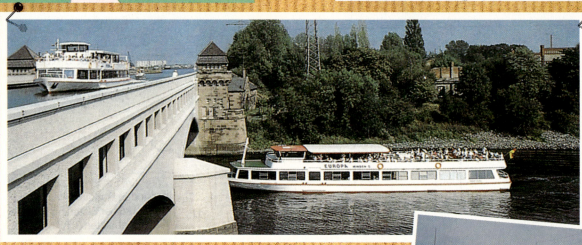

Was ein Wasserstraßen-Kreuz ist
Das Mindener Wasserstraßen-Kreuz ist eine Kreuzung zwischen einem Fluß und einem Kanal. Auf einer Brücke fließt das Wasser des Mittellandkanals über die Weser.
Die Wasserbrücke ist 375 Meter lang. Sie wurde in den Jahren 1911 bis 1914 gebaut. Sie ist das größte Bauwerk der Binnenschiffahrt in Europa.

Was auf dem Mittellandkanal transportiert wird
Brennstoffe wie Öl und Kohle, Baustoffe, Getreide, Düngemittel, Eisen, Stahl und Erz. Diese Güter werden in großen Mengen transportiert, und sie sind schwer. Dafür eignen sich Schiffe auf der Wasserstraße als Transportmittel.

Wer den Kanal und die Weser nutzt
Schiffer mit ihren Lastkähnen – Wassersportler mit Freizeitbooten und Surfbrettern – Angler – Menschen, die sich an einem ruhigen Plätzchen vom Alltag erholen wollen – Touristen, die etwas Interessantes erleben wollen: eine Fahrt über das Wasserstraßenkreuz, durch die Schleusen und über die Weser. 8878 Schiffe wurden durch die drei Schleusen des Mindener Wasserkreuzes im Jahr 1993 geschleust.

Kanäle

Schon früh haben die Menschen Flüsse als Transportwege genutzt. Auf dem Wasser ließen sich große Lasten am einfachsten transportieren.
Man segelte oder ließ die Schiffe treiben oder ließ sie vom Ufer aus durch Pferdegespanne treideln, das heißt ziehen.
Um die Flüsse miteinander zu verbinden, wurden künstliche Wasserstraßen gebaut: die Kanäle. Jetzt konnte der Transport über große Strecken erfolgen.

Zum Beispiel: der Mittellandkanal

Der Mittellandkanal muß künstlich mit Wasser versorgt werden. Zusätzlich wird ständig der Wasserverlust ersetzt. Der Wasserverlust entsteht durch Verdunstung, Versickern, den Schleusenbetrieb und die Entnahme von Wasser durch Industriebetriebe und die Landwirtschaft. Deshalb wurden Pumpwerke gebaut, die aus der Weser Wasser in den Kanal fördern. Damit nun der Wasserspiegel der Weser nicht so stark sinkt, daß dort keine Schiffe mehr fahren können, wurden Talsperren eingerichtet (Edersee und Diemelsee). Sie sorgen dafür, daß die Weser auch in Trockenzeiten genügend Wasser führt.

Wie eine Schleuse funktioniert

Der Wasserspiegel des Mittellandkanals liegt etwa 13 Meter höher als die Weser.
Wenn ein Schiff von der Weser in den Kanal gelangen soll, muß es durch eine Schleuse fahren.
In der Schleuse wird der Höhenunterschied zwischen den Gewässern überwunden.
Das Schiff fährt durch das geöffnete Tor in die Schleusenkammer.
Das Tor schließt sich, und die Schleusenkammer wird mit Wasser, das aus großen Wasserspeichern kommt, gefüllt. Das Wasser in der Schleusenkammer steigt, und mit ihm steigt das Schiff.
Hat der Wasserspiegel die Höhe des Kanals erreicht, gibt das obere Tor die Durchfahrt zum Kanal frei.

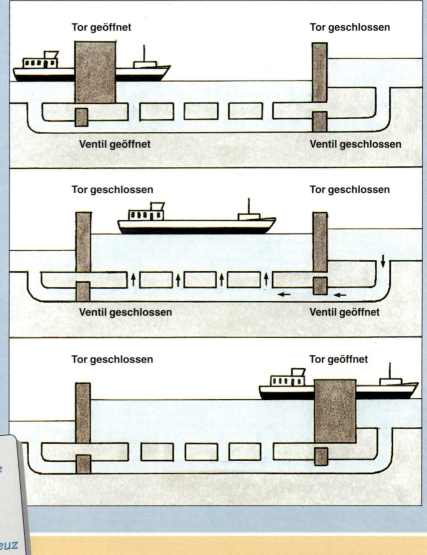

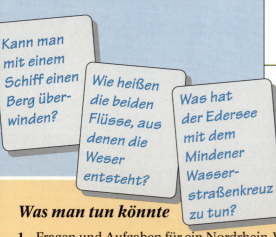

Kann man mit einem Schiff einen Berg überwinden?

Wie heißen die beiden Flüsse, aus denen die Weser entsteht?

Was hat der Edersee mit dem Mindener Wasserstraßenkreuz zu tun?

Was man tun könnte

1. Fragen und Aufgaben für ein Nordrhein-Westfalen-Spiel ausdenken und aufschreiben.
2. Mit der Karte auf den Seiten 94/95 und dem Atlas arbeiten:
   - das Mindener Wasserstraßen-Kreuz, die Diemeltalsperre und den Edersee suchen (die Talsperren liegen nicht in Nordrhein-Westfalen);
   - den Lauf der Weser verfolgen (Beginn, Mündung);
   - herausfinden, welche Flüsse und Kanäle der Mittellandkanal miteinander verbindet;
   - Bilder im Grundschulatlas besprechen, die zeigen, wie ein Schiffshebewerk funktioniert;
   - ein Gewässernetz von Nordrhein-Westfalen zeichnen.
3. Zu einem Kanal oder einer Schleuse in der eigenen Umgebung fahren und etwas über sie herausfinden.
4. Ein Floß oder ein Schiff mit Antrieb bauen.

Der Rhein in Nordrhein-Westfalen

Der Rhein hat eine große Bedeutung für Nordrhein-Westfalen. Er ist die wichtigste Wasserstraße zum Meer und zu den Binnenhäfen. Aber nicht nur Massengüter werden auf dem Rhein transportiert, er bietet auch Möglichkeiten zu Sport und Freizeit.
Am Rhein – zwischen Bonn und dem Ruhrgebiet – hat sich eine Stadtlandschaft entwickelt.
Nördlich von Duisburg weitet sich das Land: Wiesen und große Felder, Weiden und Pappeln, Moore und Kolken (Wasserlöcher), Rheinauen und Seen, Dörfer und Städte wechseln einander ab.

Amphitheater im Archäologischen Park

Landeshauptstadt Düsseldorf

Entstanden ist „Dusseldorp" um 1135 an der Stelle, wo die Düssel in den Rhein mündet. 1288 erhielt das Dorf die Stadtrechte. Heute leben in Düsseldorf 578.000 Menschen.
Düsseldorf ist die Landeshauptstadt von Nordrhein-Westfalen. Im Landtagsgebäude arbeiten die Politiker. Sie beraten und entscheiden wichtige Aufgaben, zum Beispiel in den Bereichen Umweltschutz, Abfallbeseitigung, Bildung und Verkehr.
Düsseldorf ist eine Ausstellungs- und Messestadt, ein Wirtschafts- und Handelszentrum. Viele große Firmen haben hier ihre Verwaltung.

Besonderheiten am Rhein, zum Beispiel: der Archäologische Park Xanten

Vor 2000 Jahren gründeten die Römer hier die Stadt Colonia Ulpia Traiana. Nach dem Abzug der Römer verfiel die Stadt. Außerhalb der alten Römerstadt entstand eine neue Siedlung, das heutige Xanten. Zum Bau des Domes, der Häuser und Mauern verwendete man die Trümmer von Colonia Ulpia Traiana. Unter Äckern und Wiesen blieben viele andere Überreste erhalten.
1935 wurde damit begonnen, die Reste der Römerstadt freizulegen und auszugraben. Daran können Fachleute erkennen, wie die Gebäude damals ausgesehen haben. Nun begann man mit der Rekonstruktion der Stadt, die Bauwerke wurden ihrem ursprünglichen Zustand entsprechend nachgebaut: Stadtmauer, Amphitheater, Thermen (Bäder), die Reste des Tempels, Läden …
Die Archäologen haben auch herausgefunden, daß zu einer römischen Stadt Spiele gehörten. Man kann sie heute dort spielen.
So entsteht 2000 Jahre nach ihrer Gründung wieder eine Römerstadt. Aus Colonia Ulpia Traiana wurde der Archäologische Park.

Blick auf Düsseldorf

Was man tun könnte

1. Im Atlas nachsehen, wo der Rhein entspringt und wo er mündet. Feststellen, durch welche Länder er fließt und wie lang der Rhein ist.
2. Die Zeichen auf der Bildkarte rechts erklären (Erklärungshilfe auf Seite 108).
3. Zeitungsberichte sammeln, die über den Rhein berichten: Schiffahrt, Hochwasser, Tiere, Wasserverschmutzung …
4. Sagen, Geschichten und Lieder über den Rhein sammeln.
5. Selbst eine Bildkarte über einen Fluß in der eigenen Umgebung herstellen.
6. Mehr Informationen über die Römer sammeln.

Westlich des Rheins

Ein Eifel-Dorf im Museum

Seit 1958 werden in Kommern bei Mechernich alte Häuser aufgebaut, die an anderen Orten sorgfältig abgetragen wurden. Bevor sie im Museum Balken für Balken wieder aufgebaut werden, müssen häufig Teile repariert oder ersetzt werden.

Die Fachwerkhäuser aus der Eifel stehen zusammen in einer Baugruppe. Dort kann man sehen und erfahren, wie die Bauern früher in der Eifel gelebt haben. Man kann auch gut die verschiedenen Hofformen erkennen: Winkelhöfe stehen mit dem Giebel zur Straße. An das Haus schließt sich über Eck die Scheune an. Bei den Vierseithöfen sind alle vier Seiten mit Gebäuden umstellt. Im Einhaus befinden sich Wohnung, Stall und Scheune unter einem Dach.

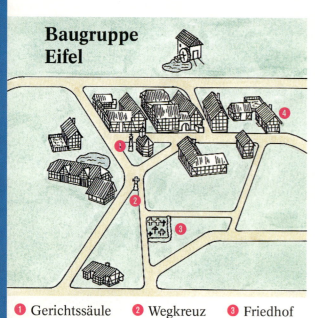

❶ Gerichtssäule ❷ Wegkreuz ❸ Friedhof ❹ Haus Scheuerheck

Außenansicht des Hauses Scheuerheck

Herdraum im Haus Scheuerheck

Grundriß des Hauses Scheuerheck

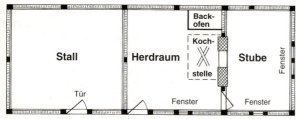

Was die Bauern und ihre Familien zum Leben brauchten, stellten sie selbst her.
Im Museum werden einige dieser Arbeiten noch heute gezeigt:

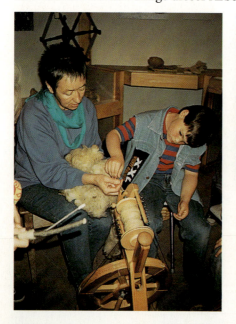

Was man tun könnte

1. Auf der Karte die Eifel und Mechernich suchen.
2. Fachwerkhäuser im eigenen Wohnort suchen und zeichnen.
3. Eine Klassenfahrt in ein Freilichtmuseum planen.

Aachen – Stadt am Rand der Eifel

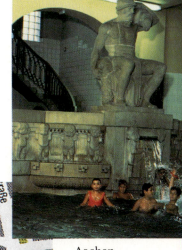

Das Denkmal Karls des Großen steht vor dem Rathaus auf einem Brunnen. Karl der Große gründete Aachen. Er wurde im Jahr 800 zum Kaiser gekrönt.

Aachen ist eine Badestadt.

Geht mit uns durch Aachen!
Wir starten am *Elisenbrunnen* ❶, wo man Wasser aus einer Quelle trinken kann. Schon die Römer nutzten die warmen Quellen, als sie in diesem Gebiet vor etwa 2000 Jahren eine Siedlung mit Badeanstalten gründeten. Auf dem Weg zum Rathaus kommen wir am *Bahkauv-Brunnen* ❷ vorbei. Nach einer Sage sprang das Bahkauv (Bachkalb) in der Nacht auf die Schultern der Betrunkenen und ließ sich bis vor ihre Haustür tragen.
Nun sind wir am *Rathaus* ❸. Es steht auf den Grundmauern einer Königshalle, die Karl der Große im Jahr 769 errichten ließ. Später wurden in dieser Halle viele deutsche Könige gekrönt.
Weiter geht es zum *Dom* ❹. Nach einer Sage soll man heute noch den Daumen des Teufels im Löwenmaul an einer Tür fühlen können. Im Dom steht der Thron Karls des Großen, und es gibt eine Domschatzkammer.

Aachen erhielt durch den Kaiser Friedrich I., Barbarossa, im Jahr 1166 die Stadtrechte. Wer sich noch weiter umsieht, kann die Reste der Barbarossa-Mauer (Stadmauer) finden. Die Stadtmauer aus dieser Zeit verlief am heutigen inneren Straßenring um den Stadtkern: Templergraben, Hirschgraben, Seilgraben ...

Was man tun könnte

1. Die Stadt Aachen auf der Karte suchen.
2. Die Stationen des Stadtrundgangs auf dem Plan verfolgen.
3. Mit Hilfe des Plans herausfinden, welches Foto das Rathaus zeigt und welches den Dom.
4. Für den eigenen Ort oder eine Stadt in der Nähe einen Stadtrundgang ausdenken und Informationen und Bilder sammeln.
5. Sich über Karl den Großen informieren.

Berge und Wasser

Berge, Wasser, Burgen, Höhlen

Bergisches Land

Blick vom Kahlen Asten, Sauerland

Bergisches Land und Sauerland

Wälder und Wasser

In beiden Landschaften gibt es zahlreiche Wasserläufe und ausgedehnte Wälder.

Es regnet ausgiebig. Wie ein Schwamm nehmen der Waldboden und Moose das Regenwasser auf. Es versickert dort langsam und wird wie in einem Filter gereinigt.

Wenn sich das Wasser in Bächen und Flüssen sammelt, fließt es in den tief eingeschnittenen Tälern rasch ab. Um das Wasser zu nutzen, wird es zu Seen gestaut:

- Wenn es viel regnet, wird das Wasser in den Talsperren gesammelt. So wird verhindert, daß Flüsse Hochwasser führen und über die Ufer treten.
- An den Staumauern werden durch das Wasser Turbinen angetrieben, die Strom erzeugen.
- Die Talsperren versorgen viele Menschen – zum Beispiel im Ruhrgebiet – mit sauberem Trinkwasser. Auch für Industriebetriebe wird Wasser zur Verfügung gestellt.
- Die Stauseen sind beliebte Ausflugsziele.

Wasser und Maschinen

Früher wurde im Bergischen Land eisenhaltiges Gestein abgebaut und daraus Eisen gewonnen. Viele Bäche und Flüsse trieben über Wasserräder Hammerwerke und Schleifsteine in Werkstätten an. So konnte sich die bergische Kleinindustrie entwickeln. Weltbekannt sind die Solinger Schneidwaren (Messer und Scheren).

Wie mit Wasserkraft Maschinen angetrieben werden, kannst du auf den Seiten 12 bis 15 nachschauen.

Schloß Burg, das Stammschloß der bergischen Herrscher, erhebt sich auf einem Felsen in 110 Meter Höhe über der Wupper. Hier haben Besucher Gelegenheit zu einem ausgedehnten Spaziergang durch das Mittelalter.

Viele sehen den **Altenberger Dom** als das größte und schönste Bauwerk des Bergischen Landes. Im Jahr 1255 legten die Grafen von Berg den Grundstein für diese Kirche. Vollendet wurde sie im Jahr 1379.

Die **Gesenkschmiede Hendrichs** in Solingen-Ohligs ist über 100 Jahre alt. Hier kann man zum Beispiel sehen, wie mit Fallhämmern Teile für Scheren geschlagen werden.

Sauerland

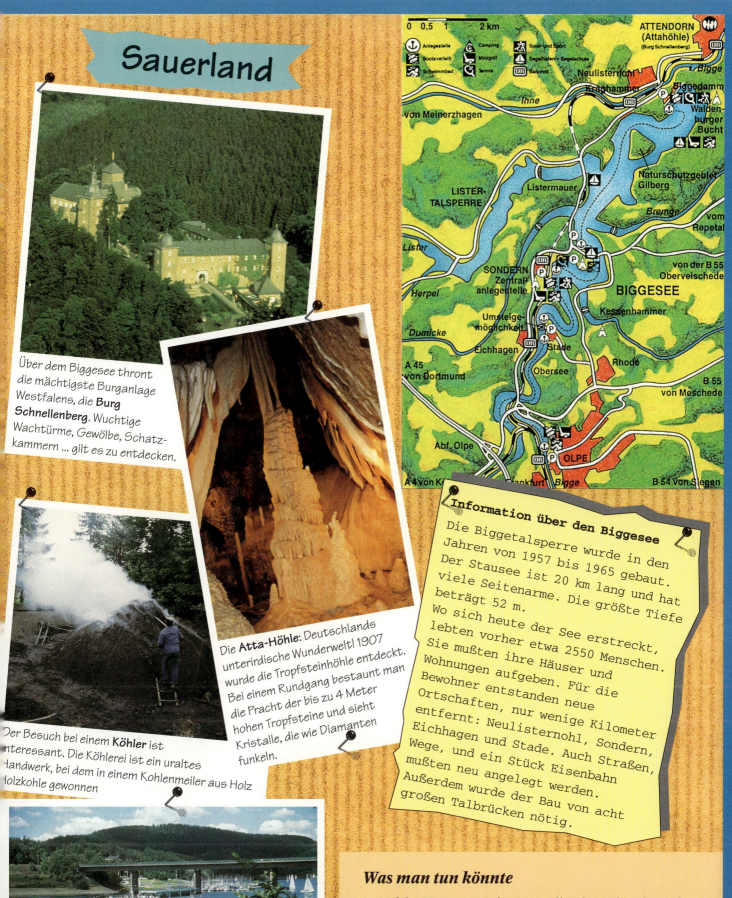

Über dem Biggesee thront die mächtigste Burganlage Westfalens, die **Burg Schnellenberg**. Wuchtige Wachtürme, Gewölbe, Schatzkammern ... gilt es zu entdecken.

Die **Atta-Höhle**: Deutschlands unterirdische Wunderwelt! 1907 wurde die Tropfsteinhöhle entdeckt. Bei einem Rundgang bestaunt man die Pracht der bis zu 4 Meter hohen Tropfsteine und sieht Kristalle, die wie Diamanten funkeln.

Der Besuch bei einem **Köhler** ist interessant. Die Köhlerei ist ein uraltes Handwerk, bei dem in einem Kohlenmeiler aus Holz Holzkohle gewonnen

Information über den Biggesee

Die Biggetalsperre wurde in den Jahren von 1957 bis 1965 gebaut. Der Stausee ist 20 km lang und hat viele Seitenarme. Die größte Tiefe beträgt 52 m.
Wo sich heute der See erstreckt, lebten vorher etwa 2550 Menschen. Sie mußten ihre Häuser und Wohnungen aufgeben. Für die Bewohner entstanden neue Ortschaften, nur wenige Kilometer entfernt: Neulisternohl, Sondern, Eichhagen und Stade. Auch Straßen, Wege, und ein Stück Eisenbahn mußten neu angelegt werden. Außerdem wurde der Bau von acht großen Talbrücken nötig.

Im Sommer lockt der **Biggesee**: baden, mit dem Tretboot fahren, surfen ... jeder in der Familie hat seinen Spaß!

Was man tun könnte

- Auf der Karte von Seite 94/95 die Biggetalsperre suchen.
- Herausfinden, welche Talsperren es im Bergischen Land und im Sauerland gibt (Grundschulatlas).
- Herausfinden, welche Gründe für den Bau einer Talsperre sprechen. Gibt es auch Gründe dagegen?
- Einen Werbeprospekt für das Freizeitangebot in eurer Umgebung erstellen.
- Eine Talsperre in eurer Umgebung erkunden.
- An einem kleinen Bach eine Staustufe bauen und mit Wasser experimentieren.

Schloß Steinfurt im Münsterland

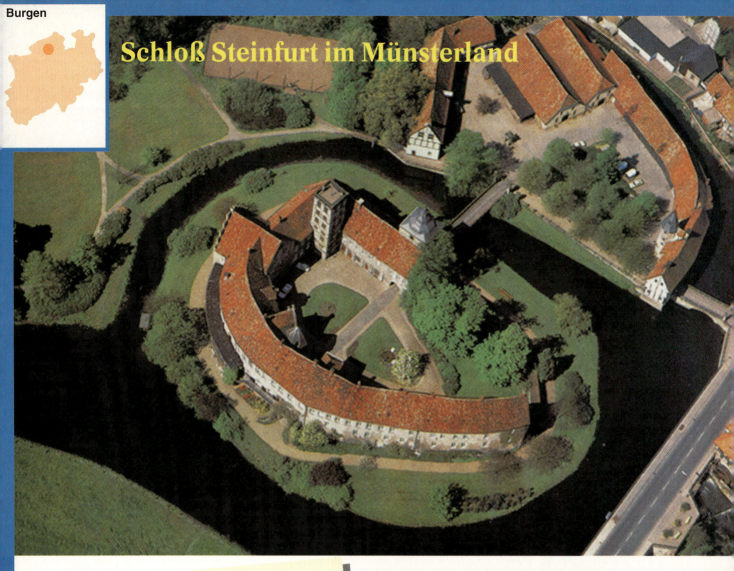

Stichworte für unsere Schloßführung

- Gründung der Burg Steinfurt vor 800 Jahren.
- Erste Gebäude: der mächtige Bergfried und der Palas. Der Bergfried (Turm mit der höchsten Spitze, etwa 50 m hoch) ist auf der Zeichnung von 1623 zu sehen. Palas heißt das Wohnhaus.
- Die Burg wurde nach und nach erweitert und umgebaut, heute: Schloß.
- Erklärung mit Luftaufnahme und Karte
  Hauptburg: hier wohnte der Burgherr mit Familie
  Vorburg: Wohngebäude der Ritter, die dem Burgherren dienten, außerdem Wirtschaftsgebäude (Ställe, Scheunen ...)
  Mühle: gehörte auch zur Burg, von hier wurde Wasser der Aa in den Burggraben geleitet (Wasserrad im Foto erkennbar).
- Wasserburg als Schutz

So sah die Burg im Jahr 1623 aus

Das Torhaus zur Vorburg heute

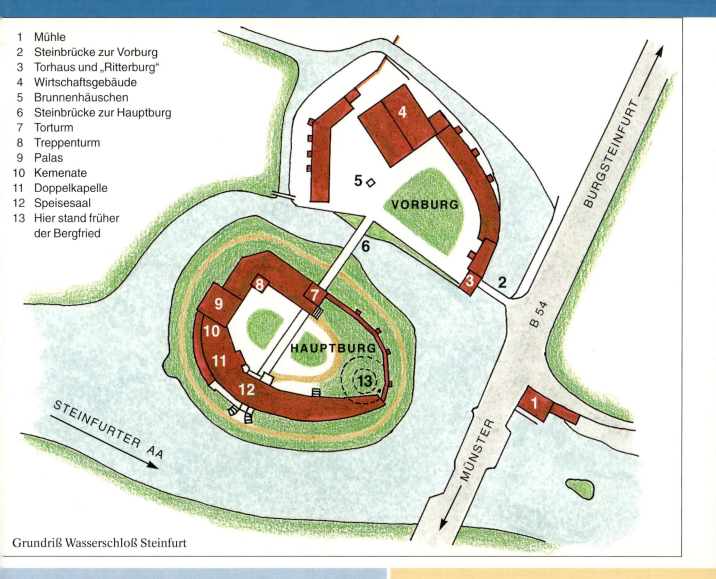

1 Mühle
2 Steinbrücke zur Vorburg
3 Torhaus und „Ritterburg"
4 Wirtschaftsgebäude
5 Brunnenhäuschen
6 Steinbrücke zur Hauptburg
7 Torturm
8 Treppenturm
9 Palas
10 Kemenate
11 Doppelkapelle
12 Speisesaal
13 Hier stand früher der Bergfried

Grundriß Wasserschloß Steinfurt

Burgen im Mittelalter

Im Mittelalter ließen die Ritter ihre Burgen in der Regel auf Bergen und Felsen erbauen. Berge und Felsen boten einen natürlichen Schutz vor Angriffen.
Einen solchen Schutz gab es im flachen Münsterland nicht. Und so entstanden aus dem Bedürfnis nach Sicherheit Wasserburgen. Zunächst wurde ein künstlicher Erdhügel aufgeworfen, die „Motte". Sie wurde von Gräben, den „Gräften" umgeben, die mit dem Wasser von Bächen und Flüssen gefüllt wurden.
Den Eingang der Burg, den Torbau, sicherten Zugbrücke und Fallgitter. Der Bergfried diente dazu, herannahende Feinde frühzeitig zu erkennen. Aber auch nach durchziehenden Handelsreisenden wurde Ausschau gehalten, um Zölle von ihnen einzutreiben. In Notfällen zogen die Bewohner aus dem Palas, dem eigentlichen Wohnhaus, in den Bergfried, weil sie hier am sichersten waren. Die Kemenate (der Frauen) war außerhalb der Küche der einzige Raum, der in einer mittelalterlichen Burg geheizt werden konnte.
Während die Höhenburgen von den Rittern verlassen wurden, weil sie nicht mehr praktisch waren, zogen die Bewohner der Wasserburgen nicht aus. Sie gestalteten ihre Burgen um, erweiterten und veränderten sie und bauten die Wehrburgen zu Schlössern um. Die meisten Burgen und Schlösser sind heute noch bewohnt. Manche werden als Museen, Altersheime oder Jugendzentren benutzt.

Was man tun könnte

1 Auf der Karte Seite 94/95 die Stadt Steinfurt suchen.
2 Herausfinden, wo es in eurer Umgebung Schlösser und Burgen gibt.
3 Eine Schloßführung spielen: *Meine Damen und Herren, bitte folgen Sie mir über die Brücke ...*
4 Den Stich und das Foto vom Torhaus mit der Luftaufnahme vergleichen. Die Luftaufnahme mit dem Plan vergleichen.
5 Mehr über Burgen erfahren: Bücher, Hefte ... mitbringen, in denen über Burgen und das Leben in dieser Zeit berichtet wird. Bilder von Burgen sammeln und vergleichen.
6 Über Burgen in der näheren Umgebung Material sammeln (Prospekte, Bücher, Ansichtskarten ...) und berichten. Eine Burg erkunden.
7 Eine Burg aus Pappschachteln, Holz oder anderen Materialien bauen.
8 Aufgaben und Fragen für das Nordrhein-Westfalen-Spiel erfinden.

Das Ruhrgebiet: Europas größte Industrie-Region

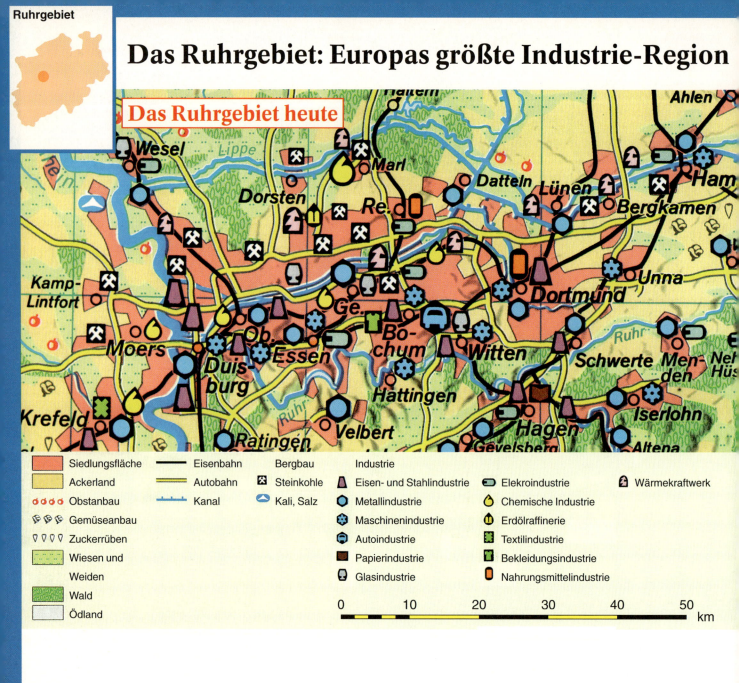

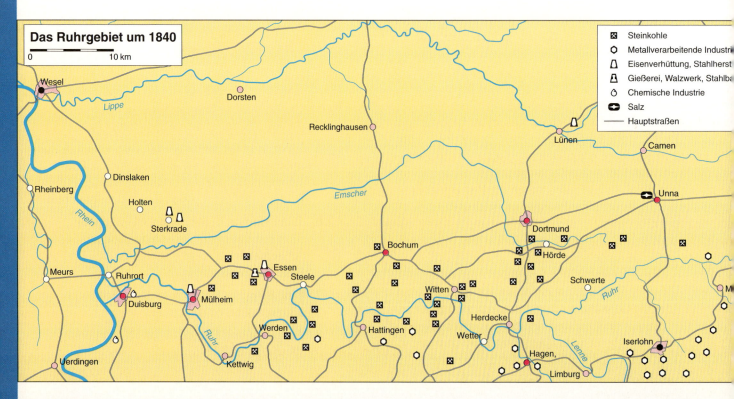

Das Kraftwerk Walsum nördlich von Duisburg

In Duisburg: der größte Binnenhafen der Welt

Aus Essen: Antriebswagen für schnelle Züge

Im Revierpark Wischlingen bei Dortmund

In Herne: Betonpumpen werden auf Lastwagen montiert

In Bochum: Autoherstellung

Aus Dortmund: Chips (wichtige elektronische Bauteile) für Autos, Haushaltsgeräte …

Was man tun könnte

1. Die Lage des Ruhrgebiets auf der Deutschlandkarte feststellen.
2. Die beiden Karten des Ruhrgebiets vergleichen. Was ist heute anders als früher? (Verkehr, Bergbau, Wasserstraßen)
3. Auf der Karte nachsehen und eine Liste schreiben, welche Industriearten heute häufig vorkommen.
4. Feststellen, auf welchen Verkehrswegen man von Duisburg nach Dortmund kommen kann.
5. Auf der Karte (Seite 94/95 oder 108) die Städte suchen, in denen die Fotos aufgenommen wurden.
6. Prospekte über Freizeiteinrichtungen besorgen und eine Freizeitkarte herstellen.
7. Einen Linienplan Schnellverkehr des VVR (**V**erkehrsverbund **R**hein-**R**uhr) besorgen. Mit dem Plan ein Fragespiel ausdenken.

Ruhrgebiet

Konrad Z. erzählt

Ich bin 1951 in Rheinhausen geboren. Heute ist das ein Stadtteil von Duisburg. Mein Vater arbeitete im Stahlwerk. Mein Urgroßvater und mein Großvater waren Bergleute. Lange Zeit fanden alle Arbeit, im Bergbau oder in dem großen Stahlwerk. Viele Arbeiter bekamen günstige Kredite von ihrem Werk. Damit konnten sie sich ein eigenes Häuschen bauen. Als ich aus der Schule kam, brauchte ich nicht lange zu überlegen. Ich machte eine Schlosserlehre in dem großen Stahlwerk. Anschließend habe ich dort weitergearbeitet.

Als 1982 die ersten Gerüchte aufkamen, daß das Werk geschlossen werden sollte, konnte sich das niemand vorstellen. 1988 war es so weit: unser Werk wurde stillgelegt. Der Stahl, den unser Werk produziert hatte, wurde nicht mehr gebraucht. Alle wurden entlassen.

Das war eine schlimme Zeit. Erst nach einem Jahr fand ich eine Stelle als Hausmeister. Allerdings konnte ich jetzt nicht mehr mit dem Fahrrad zur Arbeit fahren. Der Weg war zu weit. Mein Vater hat keinen neuen Arbeitsplatz mehr gefunden.

Meine Oma lebt schon seit 45 Jahren in der Siedlung. Sie hat mir gesagt: „Junge, geh in's Stahlwerk, dann hast du ausgesorgt."

1953 Schichtwechsel an Tor I in Rheinhausen. Damals arbeitete mein Vater hier.

1995 vor Tor I. Das Werk ist geschlossen. Ich lasse ein Erinnerungsfoto machen.

Heute sieht man überall Schilder auf denen steht, daß hier neue Betriebe angesiedelt werden sollen.
Das ist gut für unsere Stadt, weil damit Arbeitsplätze geschaffen werden. Aber in dem alten Beruf wird niemand mehr arbeiten können.
Ich habe vor, mich zum Elektro-Facharbeiter umschulen zu lassen.
Das wird dann mein dritter Beruf …

Ruhrgebiet

Was man über Steinkohle alles erfahren kann
- Wie Steinkohle entstanden ist (zum Beispiel auf Seite 90 nachlesen).
- Wie Steinkohle abgebaut wird (Broschüren und Bücher besorgen).
- Herausfinden, was das Wort „Zechensterben" bedeutet.
- Sich informieren, welche Bedeutung es für die Menschen hat, wenn in einem Gebiet die Zechen „sterben".
- Erkunden, was heute aus Steinkohle hergestellt wird.

Hier bekommt ihr Informationen
- Kommunalverband Ruhrgebiet, Essen
- Bergbaumuseum, Bochum
  Dort könnt ihr wie Bergleute in einen Schacht einfahren und das Streckennetz unter Tage besichtigen.
- Sachbücher aus der Bücherei holen, Filme ausleihen, Menschen befragen.

Eine Wandzeitung über Brieftauben gestalten

Ein Ruhrgebiets-Hobby: Brieftauben
Eine Brieftaube kann in der Stunde bis zu 120 Kilometer zurücklegen. Bei günstigen Wetterverhältnissen schafft sie 1000 Kilometer an einem Tag!
Bei Wettbewerben starten die Tauben weit entfernt von ihrem „Zuhause". Sie können sich beim Fliegen gut orientieren und finden sicher den Rückweg

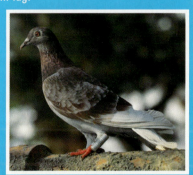

Frachsse mich wattat is

Bergwerk
Frachsse mich wattat is
Sach ich:
Bergwerk is dat
für wat wir früher Zeche gesacht ham
un noch viel früher
die alten Bergleute anne Ruhr:
„Pott" oder „Pütt"
un wat die Engländer
heute noch „Pit" nennen

Kannsse ma sehn
wat man aus so'n Loch inne Erde
allet machen kann

Kumpel
Frachsse mich wattat is
Sach ich:
Kumpel dat is ein' oder eine auf
die oder
den de dich
verlassen kannss
Hat der oder die dich verlassen
waret bestimmt kein Kumpel

Geschichten, Wörter, Bilder aus dem Ruhrgebiet sammeln

Das neue Sach- und Machbuch 4 – Nordrhein-Westfalen

Herausgegeben von Gertrud Beck und Wilfried Soll

Erarbeitet von Gertrud Beck, Helga Eysel, Gabriele Grauel, Maria Otte, Reinhild Schäffer, Wilfried Soll sowie Klaus Meißner und Hanno Ring

Redaktion Peter Groß

Layout und technische Umsetzung Harald Kertz

Grafik und Karten
Cornelsen Verlag (Gabi Heinisch) sowie **AG Mottenkiste** (Birgit Wullbrandt): S. 2 oben l. u. r.; **Deutsches Museum**, München: S. 14 oben r., 76 unten; Werbeagentur **Dorland**, Gestaltung d. Aufkleber *Berliner Wasser Betriebe*: S. 67; aus: Jan Feder/Tilmann Michalski: *Der Hund*, C. Bertelsmann Verlag, München 1981: S. 42; **Grundschule Bellheim** (M. Otte): S. 3 oben l. u. r.; **HB-Verlag**, Hamburg: S. 103; Peter **Härtling**, *Ben liebt Anna*. Beltz Verlag, Weinheim und Basel 1979: S. 29 oben r.; Ursula **Kaestner** (Noten u. Zeichnung): S. 33; Burkhard **Kracke**: Kapitelsymbole, S. 9; Astrid **Lindgren**, *Ronja Räubertochter*. Friedrich Oetinger Verlag, Hamburg 1982: S. 29 oben l.; aus: Konrad **Lorenz**, *Tiergeschichten*. Verlag Dr. G. Borotha-Schreler, Wien: S. 40 unten, 41; **Mindener Fahrgast-Schiffahrt**: S. 98 unten; Erich **Rauschenbach**: S. 78, 79; aus: Eberhard **Trumler**, *Meine wilden Freunde*. R. Piper & Co., München 1981: S. 36 - 39; Eberhard **Trumler**, *Mit dem Hund auf du*. R. Piper & Co. Verlag, München: S. 40 Mitte; aus: H.G. **Schwieger**, *Papier-Praktikum*. PR-Verlag, Wiesbaden: S. 46.

Texte
Ein Schreibgespräch, nach Materialien von Marion **Bergk**: S. 28 unten; Jean Graighead **Georg**, *Eine Erzählung aus dem Leben der Wölfe*, aus: Julie von den Wölfen, Verlag Sauerländer, Aarau/Frankfurt 1974: S. 36 - 39; *Griechisches Kinderlied*, aus: **Griechisches Liederbuch**, Verlag Gutenberg, Athen: S. 31; Josef **Guggenmos**, *Das Gewitter*, aus: Was denkt die Maus am Donnerstag?, Georg Bitter Verlag, Recklinghausen 1967: S. 56; nach Anregungen von Helga **Kämpf-Jansen**, *Mädchen-Dinge und Jungen-Dinge?* und *Ausgrabungen im Jahr 2100*: S. 28 u. 29; Kurt **Küther**, *Frachsse mich wattat is*, Asso Verlag, Oberhausen 1994: S. 111; Konrad **Lorenz**, *2. Bericht*, aus: Tiergeschichten, Verlag Dr. G. Borotha-Schreler, Wien: S. 41/42; *Arabisches Sprichwort*, aus: Amado M. **Meaini**, Spaziergang durch der Garten der arabischen Sprichwörter und Weisheiten, Helmut Buske Verlag, Hamburg: S. 32; *Hallo, Bach, wie geht's?*, nach Burckhard **Mönter**, Mittendrin – ohne Wasser läuft nichts, Wolfgang Mann Verlag, Berlin 1988: S. 69;H. **Strangmeier**, *Jugenderinnerung eines alten Hildeners*, aus: Hildener Jahrbuch 1953 - 1955, Hilden 1956: S. 84; *Ich spreche nie wieder mit dir*, aus: **treff** Nr. 1/1982, Velber Verlag, Seelze: S. 26, 27; Eberhard **Trumler**, *1. Bericht*, aus: Mit dem Hund auf du. R. Piper & Co. Verlag, München 1971: S. 40.

Fotos
Maria **Otte** sowie Toni **Angermayer**, Holzkirchen: S. 17 rechte Seite (4. v. oben), 19 Mitte (H. Pfletschinger: Langhornbiene und Blattschneiderbiene), 60 oben r. u. unten, 61; **Archiv für Kunst und Geschichte**, Berlin: S. 14 oben l., 85 oben u. unten r.; **Attendorner Tropfsteinhöhle**: S. 105 Mitte r.; **Bavaria Bildagentur**, Gauting: S. 31 oben l. (Picture Finders), 98 kl. Foto Mitte (W. Meier), 104 oben l. (K. Thiele), 105 Mitte links (H. Reinhard), 109 oben r. (Rose); Hans **Blossey**, Hamm: S. 109 unten l.; **Burghotel Schnellenberg**: S. 105 oben r.; aus: J. **Cole**/J. Wexler, *Eine Handvoll Hund*. Ravensburger Buchverlag 1987: S. 40 oben; **Cornelsen Experimenta**: S. 8 unten; **CTK Press Foto** (Dana Cabanová): S. 70 oben, 72, 73; Brezelbäckerei **Ditsch**, Mainz: S. 22, 23 oben r. u. unten, 24 oben l. u. unten, 25 unten l.; **dpa**, Frankfurt: S. 53 unten l.; aus: Leonhard **de Vries**, *Victorian Inventions*. John Murray Fifty Albemarle Street, London: S. 10 unten l., 11 oben r.; Udo **Dewies**, Mönchengladbach: S. 92; Hartmut **Dietel**, Odenthal: S. 104 Mitte; Helga **Eysel**, Frankfurt: S. 18 unten, 71 rechts; aus: Hubertus **Franzen**, *Hilden, so wie es war*. Droste Verlag, Düsseldorf 1977: S. 82 oben, 83 oben, 86 Mitte; **Fremdenverkehrsamt Porta Westfalica**: S. 98 unten; **Gesamtverband d. deutschen Steinkohlebergbaus**, Essen: S. 111 oben l.; aus: M. Gey/K. de Jong, *Rheinhausen Band III*. Verlag Gronenberg, Gummersbach 1984: S. 110 Mitte l.; **Haindl Papier GmbH**, Augsburg: S. 46, 47; **HB Verlag**, Hamburg: S. 106 oben u. unten; **Hessisches Ministerium f. Landwirtschaft, Forsten u. Naturschutz**: S. 69 Mitte; **Historisches Zentrum**, Wuppertal: S. 84; **Hoesch Archiv**, Hoesch Museum Dortmund: S. 109 Mitte l.; **Ifa-Bilderteam**, München: S. 96 oben l. (Kohlhas), oben r. (Schösser), unten l. (Eckhardt), unten r. (Glück), 97 oben l. (Löhr), oben r. (Eckhardt), unten r. (Schösser), 100 oben (WDL); Liv **Jofjell**, Berlin: S. 33 oben l.; Jürgen **Junker-Rösch**: S. 3 unten l. (Schülerarbeit Andrea Dorn, Dagmar Rösch), 31 oben r., 32 (Karte u. Teekanne), 33 oben r.; **Kommunalverband Ruhrgebiet**, Essen: S. 101 (Duisburger Hafen, Moers), S. 109 Mitte l., S. 111 Mitte r.; **Kreisverband Südsauerland**: S. 105 unten l.; **Landesverkehrsverband Rheinland e.V.**: S. 101 (Goch, Straelen, Windmühle); **Landschaftsverband Rheinland**, Archäologischer Park/Regionalmuseum Xanten: S. 100 Mitte, 101 (Xanten), Rheinisches Freilichtmuseum Kommern, Landesmuseum f. Volkskunde: S. 102 oben, Mitte, unten Mitte, rechts (Klaus Dittert) u. unten l. (Becker); **W. Layer**, Mannheim: S. 59 (4); **Mindener Fahrgast-Schiffahrt**: S. 98 oben u. Mitte; **Mauritius Bildagentur**, Mittenwald: S. 14 oben r.; aus: Burkhard **Mönter**, *Mittendrin. Ohne Wasser läuft nichts*. Wolfgang Mann-Verlag, Berlin 1988: S. 69 unten (Foto: B. Mönter, Grafik: A. Wild); **W. Neudorff GmbH KG**, Emmerthal: S. 21 (8), (9); aus: Karl-Martin **Obermeier**, *125 Jahre Stadt Hilden 1000 Jahre alt*. Hrg. Stadt Hilden Stadtdirektor: S. 86 unten; **Okapia Bild-Archiv**, Frankfurt: S. 16, 17 oben l. u. Mitte, 58 oben l, 59 (2), 63 oben l.; Thomas **Ollendorf**: S. 87; Adam **Opel AG**, Rüsselsheim: S. 109 unten r.; **Paysan**, Stuttgart: S. 59 (1); **Personenschiffahrt Biggesee** (Olpe-Sondern): S. 105 oben r.; **Prenzel**, Gröbenzell: S. 17 unten r., 58 oben r., 59 (3), 60 oben l., 62 (2); aus: **Rauck**/Volke/Paturi, *Mit dem Rad durch zwei Jahrhunderte*. AT Verlag, Aarau/Stuttgart: S. 10 oben u. unten r., 11 oben l. u. unten; **Reinhard Tierfoto**, Heiligkreuzsteinach: S. 17 unten l., 43, 45, 111 Mitte; **Rheinbraun A.G.**: S. 88 ,89 unten, 90, 91, 93; **Rheinisches Industriemuseum** Außenstelle Solingen: 104 unten; aus: Reiner **Schulte**, *Frösche und Kröten*. Verlag Eugen Ulmer, Stuttgart: S. 63 oben r. u. unten; Wilfried **Soll**: S. 32 unten u. Foto Bus; Carl **Sperling & Co.**, Lüneburg: S. 21 (11); **Staatsarchiv Münster**: S. 85 unten l.; **Stadt Dortmund**, M. Reimann, Büro f. Presse- und Öffentlichkeitsarbeit: S. 109 (Revierpark); **Stadt Emmerich**, Stadtdirektor: S. 101 (Emmerich); **Stadt Leverkusen**, Amt für Wirtschaftsförderung und Stadtwerbung: S.101 (Leverkusen); **Stadt Neuss**: S.101 (Stadtplan); **Stadt Solingen** (Öffentlichkeitsarbeit): S. 104 oben r.; **Stadtverwaltung Düsseldorf**: Werbe- und Wirtschaftsförderungsamt (D.L.B.) S. 100 unten, Presseamt S. 101 (Düsseldorf); **Stadtverwaltung Hilden**, Stadtarchiv: S. 80, 81, 82 unten, 86 oben r. u. l.; **Stadt Wesel**: S.101 (Wesel); Steag Aktiengesellschaft, Essen: S. 109 oben l.; **Verkehrsverein Bad Aachen**: S. 103; Bernd **Weißenberg**: S. 65; Dr. Paul **Westrich**: S. 19 Mitte links u. unten; **Zefa**, Düsseldorf: S. 17 rechts (1 - 3), 53 oben u. unten r. u. Mitte, 58 oben Mitte u. unten, 62 (1), (3), (4).

Für die Beratung und fachliche Unterstützung bei der Erarbeitung der Seiten über Hilden (S. 80-87) danken wir Herrn Dr. E. Huckenbeck, Hilden.

1. Auflage   Druck 4 3 2 1   Jahr 99 98 97 96

Alle Drucke dieser Auflage können im Unterricht nebeneinander verwendet werden.

© 1996 Cornelsen Verlag, Berlin
Das Werk und seine Teile sind urheberrechtlich geschützt.
Jede Verwertung in anderen als den gesetzlich zugelassenen Fällen
bedarf deshalb der vorherigen schriftlichen Einwilligung des Verlages.

Druck: Cornelsen Druck, Berlin

ISBN 3-464-25015-6

Bestellnummer 250156

 gedruckt auf säurefreiem Papier, umweltschonend hergestellt aus chlorfrei gebleichten Faserstoffen